AF141338

F.A. Tumakaeva
G.O. Papsheva
S.V. Sherstnikova

Formation de la compétence interculturelle des étudiants étrangers en médecine

F.A. Tumakaeva
G.O. Papsheva
S.V. Sherstnikova

Formation de la compétence interculturelle des étudiants étrangers en médecine

Monographie

ScienciaScripts

This book is a translation from the original published under ISBN 978-620-2-52973-0.

Publisher:
Sciencia Scripts
is a trademark of
Dodo Books Indian Ocean Ltd. and OmniScriptum S.R.L publishing group

120 High Road, East Finchley, London, N2 9ED, United Kingdom
Str. Armeneasca 28/1, office 1, Chisinau MD-2012, Republic of Moldova, Europe
Printed at: see last page
ISBN: 978-620-0-92429-2

CONTENU

INTRODUCTION

L'intensité croissante des contacts interculturels dans toutes les sphères de l'activité humaine crée de nouvelles exigences pour les diplômés universitaires. En accord avec les tendances de notre époque, ils doivent être capables d'interagir efficacement avec des locuteurs de langues et de cultures différentes. Parallèlement, l'objectif de l'enseignement des langues étrangères se transforme également : l'aptitude à surmonter les barrières culturelles est tout aussi importante que la capacité à faire face aux difficultés linguistiques. En conséquence, la plupart des instruments juridiques et réglementaires formulent le droit d'apprendre ensemble une langue et une culture et consacrent le développement de la compétence interculturelle des étudiants.

Alors que dans le passé, la compétence interculturelle (CCI) n'était nécessaire que pour un groupe restreint de professionnels dont les activités étaient directement liées à la coopération internationale, aujourd'hui, à l'ère de la mondialisation, cette compétence devient essentielle pour toutes les professions. Parmi les autres professionnels de la santé, ils doivent également tenir compte des spécificités culturelles des parties impliquées dans l'interaction dans un établissement médical. Comme, en général, tous les aspects de la communication médecin-patient sont influencés par la culture, elle est devenue un facteur essentiel et clé de l'efficacité des soins.

La communauté médicale ayant pris conscience de la nécessité de tenir compte des facteurs culturels dans son travail, le processus de repenser les objectifs des étudiants universitaires a commencé. Il est apparu clairement que les diplômés des écoles de médecine devraient être capables de surmonter les barrières linguistiques et culturelles dans la communication avec les patients et leurs familles.

La prise de conscience de la nécessité de développer la compétence interculturelle chez les étudiants internationaux des spécialités médicales a conduit à la compréhension des modes d'enseignement peu développés et des diagnostics de qualité dans ce domaine. La solution à ce problème méthodologique a été trouvée dans l'enseignement du russe comme langue étrangère (RKI). Dans les universités de médecine, la RKI est la seule discipline obligatoire pour les étudiants internationaux, qui traite des questions d'interaction interculturelle. En outre, parmi toutes les disciplines qui couvrent les pratiques médicales dans une perspective interculturelle, c'est l'IRC qui joue un rôle particulier dans le système éducatif des étudiants internationaux en façonnant la compétence interculturelle du futur médecin, puisque dans les cours de langue étrangère, l'enseignant a la possibilité d'influencer non seulement la composante cognitive de la compétence interculturelle, mais aussi deux autres : affective et comportementale.

L'analyse des approches existantes du problème a permis de mettre en évidence un certain nombre de contradictions entre les deux :

- les nouvelles exigences en matière de formation des étudiants dans les spécialités médicales, mises en œuvre dans le contexte d'une diversité culturelle croissante dans les organisations médicales, et le faible niveau de compétence interculturelle professionnelle attendu des diplômés de ces universités ;

- la nécessité des universités dans la justification théorique et le soutien scientifique et méthodologique du processus de développement de la compétence interculturelle des futurs médecins et les aspects méthodologiques et pédagogiques non développés qui assurent la formation de l'IAC de ce contingent d'étudiants du point de vue de l'approche interculturelle.

Ainsi, les raisons suivantes déterminent la **pertinence de** cette étude monographique :

- Le multilinguisme et le multiculturalisme de la société russe moderne, ainsi que la croissance des grappes médicales internationales en Russie, qui ont provoqué l'afflux de spécialistes médicaux et de patients étrangers ;

4

- la nécessité de développements théoriques et pratiques dans le domaine de l'enseignement de la langue RKI aux étudiants en médecine dans le cadre d'une approche interculturelle conformément à la stratégie d'humanisation et d'informatisation de l'enseignement supérieur ;

- la nécessité d'une recherche théorique sur les particularités de la formation de la compétence interculturelle dans le cas de l'éducation des étudiants bilingues.

L'objectif de cette étude est de développer un modèle pour la formation de la compétence interculturelle dans le processus éducatif de l'université.

Le but est atteint en réalisant les **objectifs** suivants :

1) étudier les aspects théoriques et appliqués de la formation de la compétence interculturelle en tant que facteurs d'autodétermination professionnelle du futur spécialiste, analyser les différences d'interprétation du concept de "compétence interculturelle" et des concepts connexes afin d'identifier la définition de la compétence interculturelle, qui permettra de mesurer le niveau de sa formation ;

2) identifier les principales approches de la formation de la compétence interculturelle comme facteur d'autodétermination professionnelle du futur spécialiste ;

3) créer un modèle optimal pour la formation de la compétence interculturelle du futur médecin, identifier des critères pour sa formation, en tenant compte des principaux aspects technologiques du processus éducatif **;** identifier des méthodes de diagnostic adéquates visant à évaluer les différentes composantes de la compétence interculturelle ;

4) décrire la méthodologie de l'étude expérimentale du développement de la compétence interculturelle du futur médecin, analyser et systématiser les données obtenues, tirer des conclusions sur la qualité du développement des composantes structurelles de la compétence interculturelle.

L'objet de l'étude est la compétence interculturelle, en particulier ses caractéristiques structurelles, qui dépendent de la forme d'apprentissage utilisée.

Le processus de formation de la compétence interculturelle chez les étudiants des établissements d'enseignement supérieur dans le cadre du cours "Russe langue étrangère" est considéré comme un **sujet de** recherche.

Conformément à l'objectif fixé, l'**hypothèse de** recherche a été formulée : dans le cadre de l'enseignement des langues étrangères, il y a un impact significatif sur la formation de la compétence interculturelle des étudiants des spécialités médicales, si :

- Un diagnostic approprié a été établi, sur la base des résultats duquel une interaction pédagogique est mise en place ;

- Les principaux paramètres et indicateurs pour le développement des composantes cognitives, affectives et comportementales de la compétence interculturelle ont été identifiés, et les problèmes et obstacles à sa formation ont été précisés ;

- L'interaction entre l'enseignant et l'étudiant s'effectue dans le cadre du modèle de compétence interculturelle qui tient compte des spécificités de la spécialité médicale et du développement professionnel ultérieur des étudiants.

La nouveauté scientifique de la recherche est déterminée par la preuve de l'hypothèse avancée. C'est la première fois que l'étude est réalisée :

- Du point de vue de l'approche interculturelle de la formation en langues étrangères, le rôle de la compétence interculturelle dans la formation des médecins spécialistes a été défini ;

- Les caractéristiques structurelles de la compétence interculturelle professionnelle émergente des étudiants des spécialités médicales, dictée par la discipline académique du RKI, ont été révélées.

La base théorique et méthodologique de l'étude était les dispositions développées dans le domaine de : la transition de l'enseignement professionnel supérieur vers un modèle de compétence (Winter I.A., Khutorov A.B.) ; les études de la communication interculturelle et la formation de la compétence interculturelle (Almazova N.I., Leontovich O.A., Ter-Minasova S.G.) ; linguistique (N.V. Bagramova, E.M. Vereshchagin, N.D. Galskova, I.A. Zimnaya, E.I. Passov, V.V. Safonova, S.F. Shatilov, L.V. Shcherba, M. Bairam, etc.) ; langue étrangère à usage spécifique (V.V. Afanasova, N.A. Khutorova, A.B. Khutorova). V. V. Bagramova, A. L. Nazarenko, etc.) ; anthropologie médicale (E. I. Kirilenko, L. Peyer, etc.) ; théorie et pratique de la communication interculturelle (M. B. Bergelson, O. A. Leontovich, S. P. Myasoedov, A. P. Sadokhin, S. G. Ter-Minasova, etc.)

Les méthodes suivantes ont été utilisées pour résoudre les problèmes mentionnés ci-dessus :

- Théorique - étude de la littérature psychologique, pédagogique et méthodique sur le problème de la recherche ; modélisation ; analyse, synthèse, comparaison, classification ;

- empirique : description, comparaison, généralisation, observation, test ;

Les méthodes de psychodiagnostic suivantes ont également été utilisées :

- Méthodologie "Evaluation des généralités et des différences chez les représentants de différentes nationalités" I.L. Pluzhnik ;

- méthodologie "Questionnaire sur la tolérance en matière de communication" V.V. Boyko ;

- technique d'enquête ethnopsychologique ;

- Méthode d'auto-évaluation du niveau de réflexion ontogénétique de Fetiskin N.P., Kozlova V.V., Manuilova G.M.

La base de la recherche était l'institution d'enseignement professionnel supérieur - l'Université d'État de médecine de Voronej, nommée d'après V.I. Lomonosov. N.N. Burdenko Voronezh Université d'État de médecine.

L'importance théorique du travail consiste à analyser les approches scientifiques du fonctionnement du système de formation de la compétence interculturelle dans le processus éducatif de l'université ; à clarifier le contenu du concept de "compétence interculturelle" par rapport aux spécialistes de profil médical ; à identifier le potentiel de la discipline de l'IRC, qui crée une base pour la formation de la compétence interculturelle ; à définir la composition des composantes de la compétence interculturelle dans la formation des spécialistes des spécialités médicales.

La signification pratique du travail réside dans la formulation et la reproduction du modèle éducatif visant à la formation de la compétence interculturelle parmi les étudiants des spécialités médicales dans le cadre du cours "Russe comme langue étrangère", dans l'enrichissement de l'activité professionnelle du professeur de RKI, dans l'identification des meilleures méthodes dans le processus de formation de la compétence interculturelle en coopération avec les étudiants. Les résultats de la recherche peuvent contribuer à l'amélioration de la qualité de l'enseignement à l'université, à l'organisation efficace de l'interaction pédagogique, à l'élaboration de recommandations pratiques pour le développement de la compétence interculturelle des étudiants des universités de médecine.

CHAPITRE I. ASPECTS THÉORIQUES DE LA FORMATION DE LA COMPÉTENCE INTERCULTURELLE

1.1 La spécificité de l'expression "compétence interculturelle

Examinons d'abord les dispositions théoriques qui servent de base à la formation de la compétence interculturelle professionnelle des étudiants en médecine, en particulier : le fonctionnement du concept de "compétence interculturelle" dans la méthodologie moderne de l'enseignement supérieur, les spécificités de l'appareil terminologique de l'étude, découlant des contradictions des nouveaux concepts, la classification des modèles de compétence interculturelle, la description des approches de base pour la formation de ce paramètre de définition professionnelle.

Avant de définir le cadre de l'appareil terminologique, il convient de noter l'incohérence terminologique actuelle en ce qui concerne le concept de "compétence interculturelle", qui est le résultat de différences méthodologiques dans les approches conceptuelles [voir 44, p. 3 ; 30, p. 874].

Dans les sources en langue russe, l'apparition de divergences terminologiques dans la linguistique interculturelle s'explique par les différences de traduction des termes étrangers en russe, ainsi que par l'introduction par les méthodologistes russes de leurs propres termes et concepts proches dans leur contenu des analogues étrangers, comme cela s'est produit, par exemple, avec l'utilisation des termes "tolérance" et "tolérance", où dans le premier cas le mot s'avère sémantiquement vide pour le chercheur en langue russe, dans le second cas - réveille une chaîne d'associations avec le zn négatif.

D'autre part, les difficultés à définir le champ de signification des notions de "culture" et de "compétence" sont dues à l'abondance de documents sur les aspects culturels, d'une part, et à la période relativement courte de fonctionnement de l'approche par les compétences dans la pédagogie de l'enseignement supérieur, d'autre part.

La définition de la "culture" est basée sur le travail de scientifiques de différents pays et domaines scientifiques : 5, p. 53 ; 44, p. 11 ; 11, p. 3 ; 35, p. 21 ; 16, p. 11 ; 40, p. 12 ; 25, p. 25 ; 35, p. 21. 116]. Dans le cadre de ce travail, il est nécessaire de limiter la sphère d'autodétermination de la culture comme base de l'auto-identification d'un individu, processus et résultat de l'interaction de différentes cultures.

Les normes éducatives de l'État fédéral pour l'enseignement professionnel supérieur (FSES HPE) de la troisième génération définissent les compétences comme "la capacité à appliquer des connaissances, des aptitudes et des qualités personnelles pour une activité réussie dans un certain domaine". [Cit. 44, p. 6]. Dans la littérature scientifique et méthodologique, le terme "compétence" est utilisé en corrélation avec la théorie et sa mise en œuvre pratique : la liste proposée des composantes, les connaissances, les aptitudes et le fonctionnement de ces composantes dans la pratique [38, p. 128].

Comme les concepts de "culture" et de "compétence", la tradition de la définition de la "compétence interculturelle" est également très riche. On trouve dans la littérature d'innombrables définitions de la compétence interculturelle, aggravées par un grand nombre de termes connexes : "compétence interculturelle", "compétence interculturelle", "compétence culturelle", "compétence multiculturelle", "compétence globale", "compétence en communication interculturelle", "compétence en communication en langue étrangère", "compétence en matière d'études sur les pays", "compétence ethnoculturelle", "conscience interculturelle", "alphabétisation culturelle" et "intellect culturel".

Les définitions les plus proches dans ce contexte sont "interculturelles" et "transculturelles".

La définition du terme "interculturel" se concentre sur la capacité des sujets à maîtriser avec succès les différences culturelles de deux communautés séparées [44, p. 8]. Dans ce cas, les cultures opposées sont présentées de manière statique et isolée. L'adjectif "interculturel" est à son tour utilisé dans les études, qui soulignent l'impact sur la compétence des facteurs situationnels, et les cultures sont considérées dans une interaction dynamique et complexe [27, p. 12 ; 17, p. 211].

En même temps, le terme "compétence interculturelle" est traditionnellement utilisé principalement dans le domaine de la gestion et des affaires, le terme "compétence interculturelle" est traditionnel pour la théorie et les méthodes d'apprentissage, et le terme "compétence culturelle" est caractéristique des soins de santé, de la médecine et de la psychologie.

Outre le terme "compétence interculturelle", on trouve dans un certain nombre d'études le terme "compétence en communication interculturelle", qui introduit certaines nuances en indiquant la capacité supplémentaire d'interagir avec des représentants de cultures autres que sa langue maternelle dans une langue étrangère [44, p. 11]. En d'autres termes, la formation de la compétence interculturelle ne peut se faire que dans la langue maternelle, tandis que le développement de la compétence communicative interculturelle nécessite l'apprentissage d'une langue étrangère. Ainsi, ces compétences sont corrélées comme étant de moins en moins complexes. Le terme "compétence en communication interculturelle" a été introduit dans l'appareil terminologique russe de la méthode par G.V. Elizarova [4, p. 248]. Les dispositions théoriques sur la compétence communicative interculturelle appartiennent aux scientifiques nationaux A. V. Annenkova, V. G. Apalkov, G. V. Elizarova, O. A. Leontovich et I. L. Pluzhnik.

En raison d'une tradition établie d'utilisation du terme "compétence interculturelle" pour décrire la capacité à interagir efficacement et de manière acceptable avec des personnes d'autres cultures, ce document devrait se concentrer sur l'utilisation du terme "compétence interculturelle". L'objectif de la formation et du développement de la compétence communicative est d'enseigner la langue étrangère et la culture du pays de la langue étudiée, tandis que la prise en compte de la compétence interculturelle comme objectif principal est d'inclure dans le contenu de l'enseignement des méthodes de maîtrise d'autres cultures et univers culturels indépendants de la langue de communication.

Toutefois, compte tenu des spécificités de notre recherche, il est nécessaire d'introduire un concept supplémentaire de "compétence interculturelle professionnelle", qui met l'accent sur la capacité à résoudre des tâches professionnelles et à exercer des activités professionnelles, en l'occurrence liées à la spécialité médicale [30, p. 874].

1.2 Modèles de compétence interculturelle

La modélisation, suffisamment ancrée dans la pédagogie, consiste à "reproduire les caractéristiques d'un objet sur un autre objet idéal spécialement créé pour son étude" [Cit. 44, p. 12]. En d'autres termes, le modèle de la compétence interculturelle peut remplacer la compétence interculturelle dans le processus d'apprentissage, tout en conservant ses caractéristiques. Comme dans toute étude pédagogique, le modèle de compétence interculturelle remplira des fonctions illustratives, explicatives, prédictives et heuristiques.

La compétence interculturelle fait l'objet de recherches dans un certain nombre de disciplines universitaires [44 ; 27, 35, 7]. Née en anthropologie, la compétence interculturelle a été décrite en termes de théorie de la communication, de psychologie sociale, d'ethnopsychologie, de sociolinguistique, de linguodidactique et de gestion. Le contenu des composantes des modèles de compétence interculturelle varie en fonction de la matière. Comme l'ont noté T. A. Terekhova et O. B. Bolshakov, la diversité des approches théoriques du développement de modèles de compétence interculturelle a déterminé la spécificité de chacun des modèles existants, et l'une des caractéristiques qui combinent ces constructions théoriques est l'idée de la compétence interculturelle comme condition préalable à un acte de communication interculturelle réussi.

Tout d'abord, les modèles de compétence interculturelle sont divisés en modèles universels et en modèles spécifiques à une culture [44, p. 8]. Ces derniers sont construits en tenant compte de la spécificité d'une certaine situation de communication. Par exemple, la communication interculturelle des cadres américains et russes ou la communication interculturelle des représentants finlandais au Parlement européen avec des collègues d'autres pays. Ainsi, la structure de la compétence interculturelle ne comprend que des composantes de la compétence interculturelle pertinentes pour un contexte particulier, reflétant les caractéristiques les plus pertinentes des participants à une étude particulière et étroite. Naturellement, l'application limitée dans différents contextes est un inconvénient évident des modèles de compétence interculturelle spécifiques à la culture.

Les tentatives de conceptualisation de la compétence interculturelle ont conduit à la domination de modèles universels qui cherchent à prédire un comportement compétent dans tous les contextes situationnels et culturels. De plus, en raison de la tradition historique, le paradigme occidental des composantes structurelles des modèles de compétence interculturelle est en tête dans ce domaine.

Pour compléter le tableau, on note l'existence d'un troisième groupe qui regroupe les modèles en fonction de leur affiliation professionnelle. Ce concept définit la compétence interculturelle comme une caractéristique intégrative de la personnalité du futur spécialiste, qui reflète sa maîtrise de la culture linguistique et est un facteur significatif de son autodétermination professionnelle [4, p.4]. Dans ce cas, cela implique, tout d'abord, l'orientation du futur spécialiste dans les processus politiques, économiques, idéalistes, juridiques, nationaux et mondiaux modernes, typiques de l'activité professionnelle à venir. En dressant une liste des directions de recherche les plus populaires, on peut distinguer les modèles conceptuels de compétence interculturelle d'un manager, d'un médecin, d'une infirmière/infirmier, d'un travailleur social, d'un parlementaire, d'un enseignant, d'un travailleur du tourisme, d'un avocat, d'un militaire et d'autres professions [44, 27, 19, 35, 30, 31].

Toute cette diversité entraîne des différences structurelles dans la compétence interculturelle des œuvres de différents auteurs [22, p. 162 ; 44, p. 14, etc.] Dans ce contexte, les modèles de compétence interculturelle peuvent également être regroupés en fonction de l'élément sur lequel l'accent est mis. En ethnopsychologie nationale, l'aspect clé est la tolérance ; en linguistique et en linguodidactique - la connaissance des langues étrangères. Les chercheurs américains se concentrent sur la réduction de l'ethnocentrisme et la sensibilisation culturelle ; les chercheurs allemands se concentrent sur la capacité à prendre en compte l'indicateur de la distance de pouvoir et la capacité à changer de point de vue.

Le manque de cohérence et de continuité dans la recherche sur la structure de la compétence interculturelle est en partie compensé par la reconnaissance unanime par les scientifiques de sa valeur humaniste et éducative [12, p. 7].

Néanmoins, dans les études bien connues sur la compétence interculturelle, certaines tendances peuvent être identifiées dans la formulation de sa structure constitutive. Ainsi, trois approches pour interpréter le concept de "compétence interculturelle" sont distinguées : 1) l'approche cognitive, dans laquelle la compétence interculturelle est considérée comme une connaissance réalisée en compétences ; 2) l'approche comportementale, qui interprète la compétence interculturelle comme la capacité d'adapter le comportement aux conditions de la communication interculturelle ; et 3) l'approche "pragmatique", qui interprète la compétence interculturelle comme une action qui est utilisée de manière cohérente et efficace pour définir l'identité culturelle [Cit. 44, p. 3]. Dans la méthodologie nationale, l'étude des questions de compétence interculturelle est menée dans plusieurs directions : 1) développement du concept de dialogue des cultures dans l'éducation et l'enseignement des langues étrangères (V. S. Beebler, E. B. Bystray, S. Y. Kurganov, V. V. Safonova, E. I. Passov, etc.) ; 2) formation de la compétence interculturelle dans le cadre de l'enseignement des langues étrangères (I. S. Beebler, E. B. Bystray, S. Yu. A. Winter, S. V. Mureeva, I. S. Solovyova, T. V. Parfenova, T. M. Permyakova, T. A. Tkachenko, etc.) ; 3) développement de la compétence interculturelle des étudiants au cours de la formation professionnelle (I. L. Pluzhnik, etc.).

Compte tenu de la diversité des approches et des orientations de recherche, la structure des composantes du modèle global devrait être approuvée. En conséquence, on peut distinguer trois composantes principales dans la structure de la compétence interculturelle : cognitive (connaissances), affective (attitudes et complexe émotionnel et motivant) et comportementale (comportement) [2, p. 93 ; 12, p. 6 ; 40, p. 5 ; 44, p. 15]. Le premier comprend des informations sur les types de cultures et les types de relations entre elles, sur les frontières et les caractéristiques de la culture, sur la communication, ses types et ses fonctions, sur les conflits et leurs modes de résolution, sur le monde moderne et ses perspectives de développement, sur les processus internationaux et la coopération internationale, sur les processus de mondialisation, sur les problèmes du monde moderne (nationalisme, racisme, terrorisme, etc.). La composante affective comprend des qualités personnelles telles que l'ouverture d'esprit, l'intérêt pour les phénomènes de mentalité différente, la tolérance, l[1]empathie pour les représentants d'autres cultures, la réflexion. Enfin, le troisième volet consiste en des compétences universelles de contact avec des représentants de différentes communautés culturelles, quelle que soit la culture à laquelle appartiennent les interlocuteurs et la langue qu'ils parlent. Ces compétences comprennent : reconnaître et interpréter les phénomènes d'une autre culture ; comparer les faits/événements culturels de sa propre culture et d'autres

---

1   L'empathie (en grec : ἐν - "c" + en grec : πάθος - "passion", "souffrance", "sentiment") est une empathie consciente avec l'état émotionnel actuel d'une autre personne sans perdre le sens de l'origine externe de cette expérience.

cultures, trouver des similitudes et des différences entre elles ; mener un dialogue interculturel, servir de médiateur dans les contacts interculturels ; analyser les situations interculturelles, identifier les situations de conflits interculturels, les prévenir ou les résoudre ; considérer les cultures du point de vue de leurs propres systèmes de valeurs, coutumes, traditions.

Ce modèle résume la tradition d'analyse de la structure de la compétence interculturelle. En attendant, le modèle de compétence interculturelle d'un spécialiste en médecine et en santé a sa propre spécificité dans la priorité des composantes.

Le modèle de compétence interculturelle d'un travailleur médical est basé sur la notion d'empathie, qui joue un rôle important dans la relation médecin-patient - le modèle de sensibilité interculturelle de M. Bennett [49, p. 172]. L'empathie fait partie des composantes de la compétence interculturelle selon de nombreux auteurs [16, p. 172 ; 35, p. 177 ; 12, p. 5 ; 17, p. 186]. Il favorise une meilleure connaissance des états émotionnels et des expériences des uns et des autres par les moyens de communication. De ce fait, il devient possible de prévoir les défaillances de communication et de les éviter.

Le développement de l'empathie est une composante obligatoire du contenu de la formation médicale. De nombreuses études basées sur la comparaison des résultats de l'auto-évaluation par les médecins de leur propre niveau de compétence interculturelle formée avec ceux de leurs patients ont montré la dépendance de la compétence interculturelle à l'empathie, aux compétences en langues étrangères et à l'expérience de l'interaction interculturelle. En effet, un niveau élevé d'empathie, la connaissance d'au moins une langue étrangère et l'expérience d'être dans une autre culture peuvent être définis comme les principales conditions préalables à la formation de la compétence interculturelle d'un médecin.

Les premiers modèles de compétence interculturelle des travailleurs de la santé, créés à la fin des années 1990 et au début des années 2000, se caractérisaient par une spécialisation étroite : le modèle J. Campin-Bacout reflète la compétence interculturelle de spécialistes ayant une formation médicale secondaire - infirmières et infirmiers ; le modèle D. Vin Sue est dans le domaine de la psychologie consultative ; le modèle C. Hayek et G. Giles est conçu pour travailler avec des patients âgés. Le modèle de L. Purnell a été le premier modèle déployé et véritablement universel pour les spécialistes dans divers domaines médicaux. L'auteur donne un commentaire détaillé sur chacun des douze domaines culturels sélectionnés, en les illustrant par des exemples de situations d'interaction entre un médecin et un patient de cultures différentes, en indiquant les sources [Cit. 44, p. 4].

Un examen des articles scientifiques sur les modèles de compétences interculturelles des médecins a révélé quatre thèmes communs soulevés par les créateurs des différents modèles : la conscience de la diversité culturelle des peuples du monde, la capacité à prendre soin des personnes, l'impartialité et l'ouverture à tous les individus et le développement de la compétence interculturelle en tant que processus permanent à long terme. En plus des éléments communs, les modèles analysés ont identifié des composantes spécifiques dont la présence est due à l'unicité du contexte local dans lequel ils ont été créés.

Selon la composition structurelle du modèle, dans le cadre de ce travail, le développement de la compétence interculturelle professionnellement significative du futur médecin est compris comme le développement des composantes suivantes :

- Sensibilisation (sensibilité aux différences culturelles et réflexion sur ses propres erreurs commises lors des interactions interculturelles avec les patients) ;

- les connaissances (compétences permettant d'obtenir de nouvelles informations fiables sur les spécificités des pratiques médicales dans les différentes cultures) ;

- les compétences (capacité à évaluer la dimension culturelle dans le diagnostic des patients) ;

- expérience de l'interaction interculturelle (empathie et capacité à éviter les stéréotypes lorsqu'on a affaire à des patients d'autres cultures) ;

- la motivation (désir de travailler avec des patients d'autres cultures et de faire preuve d'un niveau élevé de compétence interculturelle).

La compétence interculturelle d'un médecin a été étudiée par des scientifiques de différents domaines scientifiques. Les linguistes soulignent l'importance de la capacité des médecins à surmonter les barrières linguistiques et culturelles dans la communication avec les patients et leurs familles [51, p. 2]. Les psychologues attribuent les compétences nécessaires des médecins à leur capacité d'adaptation à d'autres cultures [31, p. 31].

L'anthropologie médicale, en utilisant des méthodes ethnographiques, a accumulé beaucoup d'informations sur les aspects interculturels des relations médecin-patient, qui servent de base à la formation de la compétence interculturelle des étudiants en médecine. Ces connaissances comprennent des informations sur les différences ethniques et raciales en réponse aux médicaments, la perception des concepts de santé et de maladie dans les différentes cultures, les tabous culturels, la résistance à l'impact culturel étranger des pratiques traditionnelles, les attitudes envers les installations médicales officielles et bien plus encore. Le développement de ces connaissances devrait permettre d'éviter les stéréotypes sur les patients en développant le désir de diagnostiquer les caractéristiques culturelles du patient au cas par cas, de manière individuelle, approfondie et impartiale.

En d'autres termes, la compétence interculturelle d'un professionnel de la santé peut être définie comme la capacité du médecin à faire preuve d'un comportement efficace (pour atteindre un objectif) et acceptable (pour répondre aux attentes du patient) basé sur la connaissance, les compétences, les attitudes et l'expérience des interactions interculturelles dans le contexte d'un établissement médical. Il est important que la compétence interculturelle soit nécessaire non seulement pour que le médecin puisse communiquer avec le patient, mais aussi avec sa famille et son environnement immédiat.

Pour décrire les modèles existants de compétence interculturelle d'un médecin, il est nécessaire de comparer le contenu de ces modèles avec les normes éducatives de l'État fédéral en matière d'enseignement professionnel supérieur (FSES HPE) dans les domaines de formation 060101 "Médecine", 060103 "Pédiatrie", 060104 "Médecine et prévention", 060201 "Médecine dentaire" pour établir les coïncidences ou l'absence de coïncidences. Ainsi, il devient possible de comparer la compréhension théorique de la question donnée et sa réalisation pratique dans l'enseignement professionnel supérieur national dans le domaine de la médecine.

Il n'y a pas de référence explicite à la compétence interculturelle dans le WEI FSES, mais le texte contient les composantes structurelles de la compétence interculturelle. Les quatre documents précisent qu'un diplômé doit maîtriser les compétences culturelles générales suivantes : "la volonté de respecter et de préserver le patrimoine historique et les traditions culturelles" et "la capacité et la volonté de coopérer et de résoudre les conflits et la tolérance". Pour les diplômés de la direction de la formation "Entreprises médicales et préventives", le contenu de ces compétences s'élargit en y ajoutant la disposition à "la perception tolérante des différences sociales et culturelles, la multiplication du patrimoine culturel national et mondial, la possession de l'appareil conceptuel, la connaissance de l'histoire de la civilisation, la psychologie des archétypes culturels. C'est pourquoi, dans ce domaine, le contenu des modèles et les normes éducatives coïncident.

Les tâches professionnelles qu'un diplômé ayant le titre spécial de médecin doit être en mesure d'accomplir comprennent la communication avec les patients et leurs proches. Grâce à l'étude des disciplines de la partie fondamentale du cycle professionnel, un diplômé devrait être capable d'interroger le patient et ses proches, notamment de recueillir des informations culturelles et ethniques sur le patient, ainsi que d'évaluer les facteurs de risque culturels et ethniques affectant sa santé. Ainsi, la nécessité d'évaluer la dimension culturelle de la maladie est notée à la fois dans les modèles et les normes.

En poursuivant la lecture du FSES WPO, on peut constater que si les résultats prévus du cycle de formation comprennent une étude de la section "relation médecin-patient", l'étude des aspects interculturels de cette relation n'est pas fournie.

En général, l'analyse des objets et des types d'activité professionnelle des futurs médecins énumérés dans la norme nationale permet de conclure qu'il existe un écart entre le niveau de formation professionnelle dans le domaine de la connaissance et les compétences de communication professionnellement significatives. Actuellement, les chercheurs étrangers et nationaux considèrent que les compétences interculturelles sont les compétences clés requises par les médecins spécialistes [51, p. 3 ; 9, p. 52]. Les programmes universitaires devraient être restructurés afin qu'ils soient orientés vers la formation de cette compétence, dont le besoin est déterminé par les exigences du marché du travail en évolution.

Il convient de noter que le débat autour de ce concept se poursuit. Et les connaissances théoriques disponibles sur la compétence interculturelle peuvent permettre d'apporter des ajustements aux documents réglementant les organisations médicales. Ainsi, au fil du temps, la compétence interculturelle se transforme d'un concept philosophique en une idée pratique de mise en œuvre de la formation de spécialistes à profil étroit.

En résumant les brefs résultats de ce paragraphe, nous constatons le manque de cohérence et de continuité dans la recherche sur la structure de la compétence interculturelle ; la structure des composantes du concept de base de la recherche, qui comprend des aspects cognitifs (connaissances), affectifs (attitudes et complexe émotionnel-motorisant) et comportementaux (comportement) ; l'existence d'un modèle spécial de compétence interculturelle d'un médecin spécialiste, comprise comme la capacité à démontrer la pertinence et la cohérence avec les souhaits du patient, la présence dans le corps du patient, la présence d'un modèle spécial de compétence interculturelle.

1.3. analyse des approches de la formation de la compétence interculturelle comme facteur d'autodétermination professionnelle du futur spécialiste

En décrivant brièvement l'histoire de la méthodologie de l'approche par les compétences, on peut conclure que la recherche sur la compétence interculturelle a vu le jour aux États-Unis d'Amérique dans les années 1950 [32, p. 1], où un regain d'intérêt pour la recherche dans d'autres pays et cultures a commencé dans les années d'après-guerre [27, p. 11], et où l'interaction avec des cultures étrangères a souvent été décrite comme un échec de communication menant à des conflits culturels. L'étude théorique la plus approfondie de la compétence interculturelle de cette période peut être appelée l'activité scientifique du Comité de l'éducation interculturelle du Conseil scientifique pour la recherche sociale au début des années 1950, qui a donné lieu à de nombreuses monographies et, par conséquent, à l'émergence d'une tradition de recherche dans l'étude de la compétence interculturelle et d'une notion telle que celle de "choc culturel".

L'idée de surmonter progressivement le choc culturel et de s'adapter progressivement à une autre culture est devenue plus tard la base des modèles dynamiques de compétence interculturelle et des programmes de son développement.

En 1962, le psychologue social américain J. Gardner a introduit le concept de "communicateur universel". Il a décrit un individu qui possède des capacités exceptionnelles pour mener une communication interculturelle grâce à l'ensemble du répertoire des propriétés de la personnalité : intégrité, stabilité, extraversion, formation de la personnalité en harmonie avec les valeurs universelles, ainsi que des capacités intuitives et même télépathiques particulières. Selon des chercheurs contemporains, J. Gardner a décrit un concept que nous connaissons aujourd'hui sous le nom de "compétence interculturelle" [44, p. 7].

Dans les années 1960 et 1970, la recherche active de moyens et de méthodes pour mesurer et évaluer le niveau de la compétence interculturelle formée a commencé. Toutefois, elle ne se déroule pas dans le milieu universitaire mais dans le milieu des affaires, où la question de l'incapacité et de la réticence des spécialistes occidentaux à travailler dans d'autres pays se pose avec acuité [31, p. 17]. Les pertes financières ont forcé les entreprises internationales à commencer à prendre au sérieux le facteur de la compétence interculturelle formée des employés. C'est pourquoi on a commencé à développer activement des outils d'évaluation du niveau de compétence interculturelle formée, dont les objectifs étaient les suivants : 1) expliquer les échecs des missions d'employés à l'étranger ; 2) prédire le succès des missions d'employés à l'étranger ; 3) élaborer une stratégie de sélection du personnel ; 4) élaborer, mettre en œuvre et évaluer l'efficacité des programmes de formation visant à développer la compétence interculturelle. Fondamentalement, des outils permettant de mesurer les attitudes, les caractéristiques individuelles, les valeurs et les motivations au moyen de questionnaires d'auto-évaluation et d'entretiens non structurés ont été utilisés pour évaluer le niveau de compétence interculturelle acquise.

Une réalisation importante de cette période a été la découverte, à la fin des années 1970, de la non-linéarité dans le développement de la compétence interculturelle. Il est entendu que dans le développement de la compétence interculturelle, il peut y avoir des étapes de régression ou aucun développement positif, malgré l'impact méthodologique intensif sur la compétence.

Dans les années 1980, l'attention des chercheurs s'est déplacée de la compétence interculturelle des expatriés vers la compétence interculturelle du pays d'accueil et de la société dans son ensemble. Durant cette période, l'identité culturelle, que certains chercheurs attribuent aux éléments structurels de la compétence interculturelle, a été activement explorée [35, p. 23 ; 44, p. 8].

Une étape importante a été franchie en 1984, lorsque les scientifiques B. Spitsberg et U. Kupach ont pour la première fois décrit la compétence en matière de communication en termes de comportement efficace et acceptable. La particularité de cette définition est que la compétence a été décrite pour la première fois du point de vue des deux côtés de l'interaction interculturelle - l'efficacité de la communication est évaluée par le communicateur lui-même, et l'acceptabilité de la communication est évaluée par son partenaire appartenant à une autre culture [Cit. 44, p. 9]. Par la suite, cette définition est devenue la base de nombreux modèles de compétence interculturelle et d'outils pour son évaluation.

La recherche sur le développement de la compétence interculturelle à la suite d'une interaction directe avec l'environnement culturel étranger a maintenu jusqu'aux années 2010 la croyance que la compétence interculturelle se développe "automatiquement" lorsqu'elle est immergée dans un environnement culturel étranger. Les voyages à l'étranger ont été reconnus comme le moyen le plus efficace de développer la compétence interculturelle des étudiants. Dans le domaine de l'éducation des étudiants en médecine, une étude similaire a été menée en 1999 [22, p. 163], qui s'est avérée avoir un impact positif sur la dynamique du développement de leur compétence interculturelle dans le cadre de stages de courte durée dans des institutions médicales étrangères.

L'étude comparative de P. Pedersen, qui a prouvé expérimentalement que le séjour des étudiants à l'étranger en tant que tel n'était pas suffisant pour le développement de la compétence interculturelle : il n'y avait pas de différences statistiquement significatives entre les groupes d'étudiants, dont l'un avait effectué un stage à l'étranger et l'autre dans son environnement monoculturel d'origine [49, p. 170]. Au cours de recherches ultérieures, il est apparu clairement que pour parvenir à une croissance durable et intensive des indicateurs du niveau de compétence interculturelle formée, il est nécessaire de fournir un soutien pédagogique à l'immersion dans un environnement culturel étranger.

Dans les années 1990, la compétence interculturelle était au centre de l'attention dans les méthodes d'enseignement des langues étrangères. L'objectif est de donner aux étudiants les compétences nécessaires pour communiquer avec succès avec des locuteurs natifs de langues et de cultures différentes, qu'ils appartiennent ou non à la culture dominante du pays de la langue étudiée. C'est-à-dire que "l'objet de l'apprentissage ne doit pas être la culture de la langue étudiée, mais les méthodes de maîtrise d'autres cultures", ce qui fait que chaque cas individuel de contact interculturel ou interlinguistique lancera le processus d'apprentissage potentiellement différent de sa culture.

Au cours de cette période, l'approche de l'évaluation de la compétence interculturelle a changé. Auparavant, chaque composante était évaluée séparément au moyen de techniques différentes, qui divisaient la compétence en connaissances, aptitudes et autres composantes distinctes, de sorte qu'il était impossible d'établir des relations de dépendance entre elles. L'interdépendance et l'étroite connexion des composantes de la compétence interculturelle à cette époque ont commencé à être considérées comme sa caractéristique principale, c'est pourquoi on a commencé à rechercher des outils d'évaluation de la compétence interculturelle qui permettraient une évaluation globale de plusieurs parties structurelles de la compétence dans son ensemble. En conséquence, on a assisté à une évolution vers l'évaluation du comportement des étudiants, dans laquelle la compétence interculturelle est évaluée au cours de sa démonstration dans l'exécution des tâches.

La compétence interculturelle est désormais comprise comme l'objectif de l'apprentissage dans le contexte de l'humanisation de l'éducation [12, p. 73]. En même temps, la recherche de moyens de mesurer et d'évaluer l'émergence de la compétence interculturelle s'est poursuivie afin de prévoir les performances du personnel dans des situations d'interaction interculturelle et de déterminer l'efficacité des programmes de formation visant à développer la compétence interculturelle.

Il est intéressant de noter qu'au cours de cette période, les outils d'évaluation de la compétence interculturelle ont commencé à être activement utilisés à des fins éducatives et de développement. Ainsi, les questionnaires d'auto-évaluation ont commencé à être utilisés non seulement dans le cadre du contrôle, mais aussi comme une méthode d'enseignement qui stimule la connaissance de soi et la réflexion chez les étudiants. Enfin, au cours de cette période, le développement intensif de méthodes pour le développement de la compétence interculturelle des représentants de diverses professions et des outils correspondants étroitement ciblés pour mesurer la compétence interculturelle a commencé dans les sciences étrangères : militaires, hommes d'affaires, astronautes, ingénieurs, logisticiens, guides touristiques, interprètes, enseignants, médecins et autres professions.

Au tournant des années 1990 et 2000, le concept de "compétence interculturelle" est intégré avec confiance dans l'utilisation méthodologique des scientifiques nationaux [12, p. 3 ; 18, p. 7 ; 38, p. 132 ; 2, p. 89 ; 32, p. 1]. Il est bien connu qu'en Russie, les initiateurs de l'étude des questions de communication interculturelle étaient des professeurs de langues [43, p. 5 ; 32, p. 2]. L'appel des chercheurs aux questions de communication interculturelle a entraîné un changement de paradigme didactique et des changements conceptuels importants dans les méthodes d'enseignement des langues étrangères. La thèse de V.P. Furmanova a été le premier travail de grande envergure en Russie, qui a donné une justification scientifique et théorique d'un nouveau paradigme culturellement orienté de l'enseignement des langues étrangères basé sur les fondements théoriques de la communication interculturelle et la philosophie de l'éducation interculturelle [Cf. à 44, p. 18]. Le paradigme interculturel en tant que nouvelle ontologie de l'enseignement des langues modernes a commencé à jouer un rôle de premier plan, en mettant en œuvre une approche interculturelle de l'enseignement des langues étrangères. Dans le cadre de cette approche, des études ont été réalisées par des scientifiques russes : G.V. Elizarova 2001, E.P. Zheltova 2005, I.F. Ptitsyna 2008, I.G. Gerasimova 2010, et d'autres. La compétence interculturelle a commencé à être considérée comme le principal résultat de l'enseignement des langues étrangères, et le processus de maîtrise des langues étrangères a pris la forme d'un apprentissage interculturel. Dans le même temps, il convient de tenir compte du fait que l'importance particulière de la matière des ECR dans le domaine contextuel de l'enseignement des langues étrangères pour les candidats d'autres pays est encore mal identifiée, car on pense généralement que le potentiel cognitif des disciplines éducatives est réparti de manière égale dans le bloc de matières du cours préparatoire.

Les premières méthodes utilisées dans la linguistique nationale pour contrôler la formation de la compétence interculturelle ont été empruntées à des sources occidentales. Parmi ces outils, le plus utilisé dans le monde est peut-être le "Questionnaire sur le développement interculturel". Intercultural Development Inventory (IDI) [49, p. 170 ; 7, p. 208], proposé en 1998 par les scientifiques américains M. Hummer et M. Bennett et disponible en 15 langues, dont le russe. E. E. Davydkina, O. A. Kravtsova, L. A. Novikova, M. E. Davydkina, O. A. Kravtsova ont quelques développements de la science russe dans le domaine du test de compétence interculturelle. Plekhanova V.V., Pluzhnik I.L., Pochebut L.G., Skosarev S.A., Soldatova G.U., Taratukhina Yu.

À ce jour, il existe plusieurs approches principales pour la formation de la compétence interculturelle dans le processus éducatif de l'université :

- activité, du point de vue de laquelle la formation de la compétence interculturelle du futur spécialiste est liée à l'utilisation de la langue étudiée par un locuteur spécifique (auditeur, écrivain, lecteur) dans des situations spécifiques de l'acte de communication et en tenant compte de l'ensemble des facteurs contextuels ;

- contextuelle, basée sur le fait que le développement de la compétence interculturelle au cours de l'apprentissage nécessite d'aborder non seulement la langue et le texte, mais aussi un contexte qui inclut une variété d'aspects corrélés aux activités professionnelles futures des apprenants ;

- Interculturel, nécessitant au cours du processus éducatif de discuter de problèmes reflétant l'état du monde moderne multilingue et multiculturel et pertinents pour la future activité professionnelle du futur spécialiste ;

- Acméologique[2], suggérant de considérer la formation de la compétence interculturelle non seulement comme un processus d'accumulation de connaissances dans le domaine de la culture d'un pays particulier, mais aussi comme une amélioration de toute la formation professionnelle et personnelle des futurs spécialistes par la formation accrue du potentiel culturel général de l'étudiant en tant que personnalité multiculturelle et sujet de l'activité professionnelle à venir.

Les particularités de la méthode de formation de la compétence interculturelle d'un médecin et le rôle de la discipline éducative de l'ICR dans ce cas devraient être examinés plus en détail.

La méthodologie de la compétence interculturelle d'un médecin implique une approche particulière, car la communication interculturelle en médecine et en soins de santé est reconnue par les chercheurs comme spéciale [44, p. 1] et extrêmement complexe. La raison en est que la communication médecin-patient est de nature profondément personnelle car elle touche aux valeurs et croyances clés des participants à la communication, influencés par la culture.

Selon des chercheurs européens, "le problème pour les professionnels de la santé est qu'ils sont convaincus de l'universalité des services médicaux, alors

---

2 Acméologie - une section de la psychologie du développement, qui étudie les régularités et les mécanismes qui permettent d'atteindre le stade le plus élevé (acme) du développement individuel.

que leur pratique réelle les réduit à un grand nombre de patients culturellement divers" [49, p. 172]. Les manifestations d'ethnocentrisme médical deviennent de sérieux obstacles à la qualité des soins de santé. Ainsi, dans les conditions de la société multiculturelle moderne, les médecins doivent avoir un niveau élevé de compétence interculturelle formée.

En médecine et en soins de santé, la compétence interculturelle est plus importante que toute autre. Après tout, si un aspect des soins de santé entre en conflit avec les normes dictées par la culture du patient, et que le médecin est incapable de résoudre le conflit en raison du manque de compétence interculturelle, les conséquences peuvent varier en gravité, de la déficience du patient à sa mort. Une compétence interculturelle insuffisante du médecin peut conduire à une compréhension conceptuelle incorrecte, et donc potentiellement dommageable, de l'état du patient, à un diagnostic inexact, à un plan de traitement impossible ou à une intervention médicale incorrecte.

Une analyse documentaire a permis d'identifier les principales raisons de la nécessité d'améliorer la compétence interculturelle des professionnels de la médecine et de la santé :

1) l'élimination des inégalités dans l'accès aux soins de santé pour les groupes de population n'appartenant pas à la culture majoritaire ;

2) l'amélioration de la qualité des services et des résultats des traitements ;

3) le respect des normes éthiques et juridiques ;

(4) Réduction du nombre de conflits au sein du personnel de l'établissement médical, qui comprend des personnes parlant des langues et des cultures différentes ;

4) améliorer la réputation de l'institution médicale et acquérir un avantage concurrentiel sur le marché moderne des services médicaux ;

5) la réduction des risques d'insatisfaction des patients et la nécessité de compenser les dommages.

Comme on peut le constater, dans le domaine de la formation médicale, la compétence interculturelle est devenue un objectif d'apprentissage important pour des raisons pratiques.

La recherche sur la compétence interculturelle des professionnels de la santé a été initiée par des scientifiques étrangers. Les premiers pas dans la lutte contre les manifestations d'ethnocentrisme médical ont été faits dans les années 1960 aux États-Unis, à l'époque du mouvement des droits de l'homme. Dans la décennie suivante, le développement théorique du concept de compétence interculturelle en médecine a commencé. L'attention des scientifiques a d'abord été attirée sur le problème du développement de la compétence interculturelle chez les infirmières et les infirmiers. C'est ainsi qu'est née la théorie de la prise en charge transculturelle des patients de M. Leininger [18].

Une attention particulière a été accordée à la compétence interculturelle du médecin dans le domaine de la psychiatrie, où pendant de nombreuses années, les patients issus de cultures minoritaires ont été soumis à des comportements intolérants. Les croyances culturelles spécifiques ont été considérées à tort comme des symptômes psychiatriques. Au fil du temps, les professionnels de la santé mentale se sont davantage impliqués dans les programmes de compétences interculturelles, ce qui a grandement amélioré la situation.

L'étude de la compétence interculturelle d'un médecin s'est généralisée au début des années 1990, lorsque des questions sur le traitement des patients de différentes cultures ont commencé à être soulevées non seulement par des scientifiques américains mais aussi européens. L'objet de la recherche s'est avéré être l'empathie professionnelle d'un médecin, comprise comme la sensibilité aux différences culturelles.

Au début du siècle, le concept d'empathie s'est étendu à celui de la compétence interculturelle du praticien, qui est définie en termes généraux comme la capacité du praticien à faire preuve d'un comportement efficace et acceptable dans la communication avec des patients d'autres cultures.

Grâce aux déclarations officielles des associations médicales professionnelles, la nécessité d'une compétence interculturelle pour le personnel médical a été reconnue au plus haut niveau. Les gouvernements nationaux et les compagnies d'assurance ont encouragé l'introduction de réglementations visant à traiter les questions liées à l'interculturalité dans la fourniture de services de santé. Depuis 2000, par exemple, les États-Unis disposent de normes gouvernementales exigeant que les soins médicaux de qualité soient fournis d'une manière qui tienne compte de la culture et de la langue du patient.

Les autorités publiques et les instituts de recherche ayant attiré l'attention sur les problèmes d'une société multiculturelle moderne dans la fourniture de soins de santé acceptables pour les différents groupes ethniques, les établissements d'enseignement ont été obligés d'inclure dans leurs programmes des informations sur les caractéristiques interculturelles des relations médecin-patient. En conséquence, des cours de formation visant à développer la compétence interculturelle des étudiants en médecine sont désormais inclus dans les programmes universitaires et professionnels complémentaires des pays occidentaux. Selon les statistiques, 87 % des universités américaines ont commencé à proposer des cours qui favorisent la compétence interculturelle en 2000, contre 13 % en 1991.

En Russie, ces aspects des relations médecin-patient sont uniquement régis par le "Code de déontologie du médecin russe", qui a un caractère de recommandation mais non d'obligation. Contrairement à d'autres pays, les institutions médicales russes n'ont pas de poste de spécialiste dans la gestion de la diversité culturelle, moins de séminaires sont organisés et la littérature méthodologique sur l'interaction avec les patients d'une culture ou d'une autre est distribuée. Et bien que ces dernières années, en raison des processus migratoires intensifs et du nombre croissant de groupes médicaux internationaux sur le territoire de la Russie, des scientifiques russes aient souligné dans leurs publications la nécessité d'améliorer le niveau de compétence interculturelle des professionnels dans le domaine des soins de santé [49, p. 172], une définition exhaustive de ce concept concernant le contexte médical n'a pas été proposée.

Bien que les cours destinés à promouvoir le développement de la compétence interculturelle chez les étudiants en médecine commencent à peine à être introduits dans les programmes des universités médicales nationales, le développement et l'introduction de ces programmes de formation indiquent une prise de conscience progressive de la nécessité de la compétence interculturelle chez les professionnels de la santé russes.

Une caractéristique importante de la compétence interculturelle d'un médecin a toujours été la durée et la continuité de son développement, c'est-à-dire que l'idée dominante est l'apprentissage tout au long de la vie, répétée par de nombreux auteurs.

En parlant des particularités de la formation de la compétence interculturelle des étudiants des spécialités médicales, il est nécessaire d'attribuer un certain nombre de conditions pédagogiques. L'efficacité du processus de formation de la compétence interculturelle dépend directement des conditions pédagogiques suivantes : a) les étudiants se familiarisent avec le concept de "culture", avec les frontières et les caractéristiques de la culture, les types de cultures et les types de relations entre elles ; ils possèdent des connaissances sur la communication, ses types et ses fonctions, les conflits et les moyens de les résoudre, ainsi que sur le monde moderne et ses perspectives de développement, les processus internationaux et la coopération internationale, les processus de mondialisation, les problèmes du monde moderne (nationalisme, racisme, terrorisme) ;

b) les étudiants maîtrisent les techniques d'obtention d'informations culturelles : observation externe, observation interne, entretiens, questionnaires, recherche de faits ;

c) les étudiants développent une attitude positive envers la culture des langues étrangères ;

d) Au cours de la formation, il y a une communication constante (à distance) avec l'enseignant, dont le rôle est de coordonner les activités de recherche et les activités cognitives de l'étudiant.

Dans les universités de médecine, le développement de la compétence interculturelle des étudiants peut se faire par le biais de programmes d'enseignement universitaire ou de stages de courte durée, au cours desquels les futurs médecins travaillent dans un environnement culturel étranger. Les stages peuvent avoir lieu dans d'autres pays ainsi que dans des communautés locales, où les cultures des patients diffèrent considérablement des cultures nationales dominantes. Plus l'étudiant comprendra de cas cliniques impliquant des patients d'autres cultures pendant son stage, plus il démontrera à l'avenir un niveau élevé de compétence interculturelle. Partout dans le monde, les stages d'étudiants en médecine dans un environnement culturel étranger sont de plus en plus populaires.

Une tâche méthodologique difficile, particulièrement pertinente pour l'environnement éducatif russe moderne, se pose en raison de l'impossibilité pour chaque étudiant de faire l'expérience de situations d'interaction interculturelle lorsqu'il travaille à l'étranger. Il est donc plus demandé à cette étude de reconstituer l'expérience de la communication interculturelle avec les patients en enseignant un certain nombre de disciplines universitaires.

En appliquant les conclusions de O.A. Leontovich [27, p. 5] au domaine de la formation des médecins spécialistes, on peut conclure que la formation de la compétence interculturelle peut être le résultat : 1) de disciplines universitaires théoriques qui considèrent les pratiques médicales dans la perspective interculturelle, 2) d'instructions de formation qui visent à acquérir des compétences comportementales dans des situations typiques de communication interculturelle [158, p. 172], 3) de cours de langues étrangères, l'enseignement étant mis en œuvre dans le cadre de l'approche interculturelle.

Nous décrirons brièvement chaque point pour justifier notre choix en faveur du cours d'ECR comme moyen de développer la compétence interculturelle de la catégorie d'étudiants sélectionnée.

Les disciplines qui envisagent les pratiques médicales dans une perspective interculturelle sont traditionnellement enseignées aux étudiants des spécialités médicales en Russie et à l'étranger. Il s'agit principalement d'anthropologie médicale et d'éthique médicale. Le but de ces formations est d'enseigner l'interaction fructueuse avec des patients de différents groupes ethnoculturels.

L'anthropologie médicale mentionnée comme discipline universitaire est un phénomène assez nouveau pour la Russie. Ce sujet est important pour le développement de la compétence interculturelle, car il se concentre sur le concept de pluralisme médical et de diversité culturelle en termes d'expérience des soins de santé. Contrairement à l'anthropologie médicale, l'éthique médicale est déjà établie comme une matière et est un cours obligatoire pour les étudiants de toutes les universités médicales russes depuis de nombreuses années. L'établissement d'enseignement supérieur professionnel de l'État fédéral (FSES HPE) indique que parmi les compétences professionnelles, un diplômé doit avoir "la capacité et la volonté de mettre en œuvre les aspects éthiques et déontologiques de l'activité médicale dans la communication avec les collègues, les autres membres du personnel médical, les patients et leurs proches". La mise en œuvre des aspects éthiques de l'activité médicale dans la communication avec les patients s'entend comme le respect des principes de l'éthique médicale. Dans le contexte d'une société multiculturelle, le principe du respect de la culture du patient est également devenu partie intégrante des principes éthiques du médecin.

Parmi les exemples d'innovations pédagogiques, on peut citer les cours novateurs mis en place, comme la discipline "Communication interculturelle" à l'Académie de médecine d'État de l'Oural, qui a été introduite dans le plan thématique depuis 2011. La discipline se positionne comme remplissant une fonction intégrative, contribuant à la formation de liens inter-sujets entre les disciplines du cycle humanitaire, et aidant à préparer les futurs spécialistes du domaine de la santé à la communication libre dans une langue étrangère, en tenant compte de la culture spécifique de l'interlocuteur dans les contacts interculturels.

La deuxième des options susmentionnées pour la formation des professionnels de la santé en vue de développer la compétence interculturelle est la formation. Bien que son efficacité ait été prouvée par des chercheurs nord-américains et européens, la formation n'est pas incluse dans les programmes éducatifs des universités d'autres régions, comme les pays de l'Est. Il n'y a pas non plus d'introduction active de cette méthode dans le système russe de formation du personnel médical. Dans le meilleur des cas, la formation interculturelle peut être mise en œuvre dans le cadre d'un cours de langue étrangère à orientation professionnelle, ce qui est typique de la formation des diplômés d'autres spécialités [12, p. 107]. En règle générale, ces cours sont basés sur la méthode d'analyse de situations spécifiques ou sur la technique de l'assimilateur culturel. Le développement de la compétence interculturelle pendant la formation est intensif, mais l'effet de cette formation de courte durée n'est pas durable.

Les possibilités énumérées pour l'impact méthodologique sur la compétence interculturelle des étudiants en médecine sont efficaces à leur manière. Cependant, la formation d'une compétence interculturelle complète ne peut avoir lieu que dans le cadre de la maîtrise d'une langue étrangère. De nombreux auteurs notent les possibilités accrues de la discipline de l'IRC dans la formation de la compétence interculturelle [45, p. 224].

Bien entendu, la discipline de l'ICR ne doit pas revendiquer la responsabilité exclusive de la formation de la compétence interculturelle des étudiants. De plus, on pense que la formation de certains éléments de la compétence interculturelle peut ne pas être liée à l'étude d'une autre langue [21,

p. 2]. Néanmoins, c'est l'étude d'une langue étrangère qui permet de se plonger dans la communication interculturelle, puisqu'un étudiant, à travers une autre langue, a l'occasion de vivre une expérience unique d'interaction avec des cultures familières et non familières. Comme S.G. Ter-Minasov l'a exprimé au sens figuré, chaque leçon de langue étrangère est un carrefour de cultures et de pratiques de communication interculturelle, car "chaque mot étranger reflète un monde et une culture étrangers, derrière chaque mot il y a une vision du monde conditionnée par la conscience nationale" [Cit. à : 43, p. 24]. C'est la connaissance et l'utilisation active d'une langue étrangère qui contribue à élever le niveau conceptuel de la compréhension de la culture et au succès de l'activité humaine dans un environnement culturel différent [15, p. 69]. De plus, en maîtrisant une langue étrangère, un étudiant peut se forger une identité culturelle "différente" et "étrangère", reconnaître les valeurs et les normes de comportement des représentants d'autres cultures.

Les disciplines linguistiques, comme aucune autre matière, contribuent à la création d'un espace éducatif qui offre des possibilités de développement de la compétence interculturelle et constitue la base du développement des relations entre les matières [22, p. 164]. En d'autres termes, "le monde est connu par le langage et grâce au langage, de sorte que l'essence du langage est non seulement la transmission de la pensée d'une personne à une autre, mais aussi la désignation du langage comme moyen de connaître le monde" [Cit. 44, p. 8].

En outre, parmi toutes les disciplines couvrant les pratiques médicales dans une perspective interculturelle, c'est le RKI qui joue un rôle particulier dans la formation de la compétence interculturelle des étudiants étrangers, puisque dans les cours de langue russe, l'enseignant a la possibilité d'influencer non seulement la composante cognitive de la compétence interculturelle, mais aussi deux autres : affective et comportementale.

Selon les méthodologues, la langue étrangère en tant que discipline humanitaire est d'une grande importance pour résoudre les problèmes de développement des principes moraux et éthiques d'un futur médecin. Son potentiel éducatif permet de former une attitude respectueuse des valeurs et de la culture des autres peuples.

La formation de la compétence interculturelle est inextricablement liée à l'apprentissage des langues étrangères, notamment parce que la connaissance d'une autre langue fait partie, pour un certain nombre de chercheurs, des composantes structurelles de la compétence interculturelle [35, p. 244], et dans ce cas, elle est également étroitement liée au processus d'adaptation, qui est activé par le passage de l'observation passive à l'interaction active avec une culture peu familière.

Les scientifiques nationaux citent également les résultats d'études expérimentales, qui ont montré que la maîtrise des langues étrangères permet de maîtriser avec succès les aspects comportementaux de la culture [27, p. 236]. Enfin, le développement de la compétence interculturelle dans le cadre des cours de langues étrangères est considéré comme logique, puisque la langue et la culture sont les côtés d'un même tout. C'est pourquoi de nombreux experts nient la possibilité d'un niveau vraiment élevé de développement de la compétence interculturelle chez une personne qui ne parle pas une langue étrangère.

La mesure dans laquelle les étudiants de la spécialité "Médecine" pourront acquérir une compétence socioculturelle dans le domaine de l'activité professionnelle dépendra de leur aptitude linguistique globale à communiquer dans une langue étrangère à des fins professionnelles dans les conditions de la communication interculturelle.

Examinons plus en détail les aspects technologiques du processus éducatif, dans lequel la compétence interculturelle est le résultat de la formation professionnelle des étudiants en médecine. Comme l'exige l'approche interculturelle, dans les conditions modernes, les établissements d'enseignement professionnel supérieur ont pour tâche de préparer les étudiants à la communication interculturelle [35, p. 5 ; 93, p. 2]. Pour aborder le paradigme interculturel de l'enseignement des langues étrangères, il fallait repenser l'appareil conceptuel et catégorique de la science méthodologique, l'essence des méthodes modernes, les voies et moyens d'enseignement, les spécificités de la charge fonctionnelle de l'enseignant et les autres composantes du système d'enseignement des langues étrangères.

L'enseignement professionnel d'une langue étrangère dans les universités médicales ne se limite pas à l'étude d'une langue étrangère à des fins spécifiques. "L'essence de l'enseignement professionnel d'une langue étrangère consiste en son intégration à des disciplines spéciales dans le but d'acquérir des connaissances professionnelles supplémentaires et de former des qualités personnelles significatives sur le plan professionnel" [29, p. 128]. En d'autres termes, la formation linguistique des étudiants en médecine consiste, à notre avis, en la formation de compétences communicatives, qui permettraient de mener à bien des contacts professionnels dans une langue étrangère dans diverses sphères et situations, et ne se réduit pas à la capacité de travailler avec des textes scientifiques authentiques sur la spécialité.

Dans notre cas, lors de la mise en œuvre de la composante interculturelle d'un cours de langue étrangère à orientation professionnelle, il est nécessaire de prendre en compte avant tout les objectifs d'apprentissage et de définir les limites de la langue à des fins spécifiques.

Dans le FSES HPE "Langue étrangère" (par ce terme, on peut également désigner la matière "Russe langue étrangère") se réfère aux disciplines obligatoires de la partie fondamentale du cycle de formation des spécialistes des spécialités médicales. Les résultats prévus pour cette partie du cycle comprennent la connaissance d'une langue étrangère dans la mesure nécessaire à la communication. Ainsi, afin de construire l'enseignement des étudiants en médecine dans le cadre d'une approche interculturelle de l'enseignement des langues étrangères, il est important de comprendre les tâches pratiques que la vie peut leur assigner.

Le contenu de la formation professionnelle standard dans la discipline "RKI" comprend des compétences de communication aussi complexes que l'art oratoire, la communication commerciale officielle, la rédaction commerciale, l'annotation et le référencement de la littérature spécialisée en langue étrangère, qui aideront les diplômés des universités non linguistiques à s'adapter plus facilement aux activités professionnelles dans un monde en constante évolution. Parmi les compétences qui font partie de la compétence interculturelle, on peut citer : remplir des questionnaires authentiques, des formulaires officiels, rédiger une lettre officielle, une demande, une proposition, un remerciement, un curriculum vitae ; examiner et annoter des informations professionnellement pertinentes provenant de sources en langues étrangères et les présenter sous la forme d'un résumé ou d'un essai.

Ainsi, la formation de la pleine compétence des étudiants en médecine est en mesure d'assurer la maîtrise de la discipline "RKI" en raison de sa nature interdisciplinaire, de son potentiel éducatif élevé et de sa capacité à créer un espace éducatif acceptable pour obtenir une expérience unique d'interaction avec des cultures familières et non familières. Enfin, le développement de la CM dans le cadre des cours de langues étrangères est considéré comme logique, car la langue et la culture sont les côtés d'un même ensemble.

La mise en œuvre de la technologie pédagogique pour la formation de la compétence interculturelle sur la base de l'ICR peut améliorer de manière significative la qualité de l'éducation des étudiants.

CHAPITRE II. LA RECHERCHE EMPIRIQUE SUR LA FORMATION DES COMPÉTENCES INTERCULTURELLES DES ÉTUDIANTS EN MÉDECINE ÉTRANGERS

2.1 Méthodologie de la recherche empirique

L'objectif de la recherche empirique est de diagnostiquer la formation de la compétence interculturelle des étudiants en médecine pendant la formation du RKI. La comparaison des résultats du diagnostic permet de révéler le niveau de développement des composantes structurelles de la compétence interculturelle.

Pour atteindre cet objectif, il est nécessaire de résoudre les tâches suivantes :

1) d'établir un programme de recherche empirique ;

2) de réaliser la procédure d'essai, de traiter les données expérimentales obtenues, y compris le traitement des graphiques et des tableaux ;

3) présenter l'analyse et l'interprétation des données reçues, créer un modèle de formation de la communication interculturelle du futur médecin.

La base de la recherche empirique a été l'Université d'État de médecine de Voronej, qui porte le nom de V.I. Lomonosov. N.N. Burdenko Voronezh Université d'État de médecine.

51 étudiants de MIMOS ont participé à l'étude empirique.

Il convient de noter qu'il est souhaitable de ne pas violer les proportions égales d'étudiants et d'étudiantes lors du processus de recrutement. La raison réside dans la nature de la compétence interculturelle - certains chercheurs notent la capacité des sujets féminins à démontrer des taux plus élevés de compétence interculturelle ou de ses composantes individuelles par rapport au sexe opposé [19, p. 173]. Dans notre étude, le rapport femmes/hommes était le suivant : 27 étudiants sur 51 et 24 étudiantes sur plus de 12 pays : Ouzbékistan, Turkménistan, Jordanie, Vietnam, Syrie, Moldavie, Liban, Azerbaïdjan, Albanie, Turquie, Ukraine, Macédoine, Arménie, Abkhazie, Israël, EAU. Par conséquent, l'exigence d'équivalence des conditions possibles a été satisfaite, ainsi que la large couverture géographique des sujets.

Ainsi, sur la base des dispositions théoriques examinées dans le chapitre précédent, le contenu du deuxième chapitre comprend : une brève description des principales méthodes de contrôle de la formation de la compétence interculturelle et une description étape par étape du travail empirique sur le diagnostic de la formation et du développement de la compétence interculturelle des étudiants en médecine au cours de l'IRC. La base organisationnelle du travail empirique avec prise en compte des aspects éthiques, des limites méthodologiques et théoriques est également présentée.

Les normes de troisième génération laissent à l'enseignant une grande liberté dans la planification, l'organisation des résultats et la mesure des acquis de l'apprentissage dans le format des compétences. Il convient de noter que l'évaluation du niveau de formation des composantes structurelles de la compétence interculturelle n'est pas une tâche facile, car elle implique un processus continu d'échange d'informations entre toutes les parties concernées. Le plus souvent, il est permis d'évaluer plusieurs composantes structurelles de la compétence interculturelle séparément les unes des autres ou de la compétence interculturelle en général.

L'enseignement du russe professionnel aux étudiants étrangers permet d'identifier les méthodes de diagnostic suivantes, en fonction de la méthode d'obtention des données divisées en direct et indirect.

Les méthodes directes consistent à obtenir des données sur la compétence interculturelle en observant le comportement d'un individu. Les méthodes directes de suivi de la compétence interculturelle les plus couramment utilisées comprennent le portfolio, l'entretien, l'observation, l'analyse du journal narratif et l'évaluation subjective par l'enseignant. Les méthodes indirectes d'évaluation du niveau de compétence interculturelle formée sont basées non pas sur le comportement de l'étudiant, mais sur les réponses de l'étudiant dans les matériels de mesure. Les méthodes indirectes de contrôle de la compétence interculturelle sont les tests et les questionnaires d'auto-évaluation [37, p. 58].

Compte tenu des spécificités de ce travail et du niveau de certification des compétences linguistiques des candidats, seuls les formulaires les plus pertinents pour l'étude doivent être pris en compte, qui demandent aux étudiants de remplir certains ou d'autres supports de mesure, sur la base des réponses qui permettent de conclure sur le niveau de compétence interculturelle formé du répondant. Seules les réponses écrites, le plus souvent sous forme de tests ou de questionnaires, sont analysées, mais pas le comportement de l'individu dans la situation d'apprentissage. Ainsi, la compétence est évaluée à partir des propos du défendeur.

La compétence interculturelle étant comprise comme un enseignement complexe, ces tests visent dans la plupart des cas à mesurer plusieurs composantes structurelles, car d'un point de vue méthodologique, il n'est pas possible de mesurer la dynamique du changement dans toutes les composantes de la compétence interculturelle contenues dans les modèles existants au sein d'une même étude. En raison de la nature complexe et multidimensionnelle de la compétence interculturelle, il est recommandé de ne donner la priorité qu'à quelques aspects de la compétence interculturelle à évaluer sur une période donnée, en fonction des objectifs de la recherche.

Parmi les approches proposées pour modéliser ce concept, la plus acceptable est celle qui distingue trois composantes principales dans la structure de la compétence interculturelle : cognitive (connaissances), affective (attitudes et complexe émotionnel-motivationnel) et comportementale (comportement) [44, 4, p. 93 ; 12, p. 6 ; 40, p. 5]. Dans cette étude, le niveau de formation de chacun de ces composants a été évalué séparément afin d'identifier la dynamique de leur développement dans des conditions contrôlées.

Par exemple, pour évaluer la compétence interculturelle des étudiants en médecine, nous avons utilisé des méthodes qui diffèrent par les nuances de mise en œuvre : pour la composante cognitive - des tests pour tester les connaissances avec des questions sur les choix multiples ou alternatifs, etc. ; pour la composante affective - une enquête standardisée avec l'évaluation des déclarations ; pour la composante comportementale - une réflexion sur leur propre comportement en fonction des situations proposées.

La popularité de ces tests s'explique par la simplicité des procédures pour remplir les documents et compter les résultats, ainsi que par la commodité de comparer les résultats des étudiants sur la base de statistiques fiables obtenues [37, p. 61].

En même temps, des données plus précises peuvent fournir d'autres types de tâches de test, comme des questions de type ouvert.

Compte tenu de ce qui précède, les méthodes de recherche suivantes ont été utilisées : observation, conversation, méthodes de statistiques mathématiques, tests.

Les méthodes suivantes ont été utilisées dans le cadre de l'étude :

1. Pour étudier la composante cognitive :

A) Méthodologie "Evaluation des généralités et des différences chez les représentants de différentes nationalités" I.L. Pluzhnik ;

B) Enquête ethnopsychologique ;

2. Pour étudier la composante affective : "Le questionnaire de la tolérance communicative" VV Boyko ;

3. Étudier la composante comportementale : "Auto-évaluation du niveau de réflexion ontogénétique".

À l'aide de la méthodologie d'I.L. Plozhnik, on évalue les similitudes et les différences qu'un répondant voit entre les représentants d'une autre culture et la sienne. Avant le test, le répondant est invité à choisir une certaine culture nationale avec laquelle il souhaite comparer la sienne. Ensuite, la personne interrogée doit choisir sur l'échelle de Likert le degré d'accord avec les déclarations ci-dessus concernant sa culture maternelle et étrangère. L'échelle de

Likert est composée de 5 divisions : "Pas d'accord", "Plutôt pas d'accord", "Quelque chose avec lequel je suis d'accord", "Quelque chose avec lequel je ne suis pas d'accord", "Plutôt d'accord", "D'accord", équivalent à une échelle de cinq points - de 1 à 5. (voir annexe 1).

La méthodologie est structurée de telle sorte que les déclarations positives ("Je partage les convictions des représentants d'une autre culture") alternent avec les déclarations négatives ("Je ne suis pas enclin à être d'accord avec l'évaluation"), le comptage pour chacun des groupes se faisant séparément.

Il est utile d'expliquer que la prise de conscience des différences culturelles peut être une source d'anxiété pour les personnes qui interagissent avec d'autres cultures. La capacité d'évaluer les similitudes et les différences permet de gérer et d'éliminer l'incertitude car elle permet de prévoir le comportement communicatif et de bien en comprendre le sens.

Une enquête ethnopsychologique a été choisie comme méthodologie supplémentaire, qui suggère des questions de type ouvert sur les réalités de la culture nationale : folklore, musique, littérature, cuisine ethnique. Cette méthodologie comble certaines lacunes qui apparaissent dans l'analyse du test d'I.L. Pluzhnik, qui n'implique pas la prise en compte des caractéristiques individuelles des élèves. L'objectif de l'enquête est de déterminer le degré d'appartenance des répondants à leur culture nationale, le niveau de connaissance des traditions et coutumes de leur propre ethnie, d'évaluer le degré de leur propre identité culturelle, l'importance de leur culture d'origine et l'identification à celle-ci. Les résultats donnent une indication de la mesure dans laquelle une personne s'identifiera à la culture nationale et à ses valeurs dans un environnement culturel différent. La mesure dans laquelle un individu s'identifie à sa culture influence également la mesure dans laquelle il attend des personnes issues d'autres cultures qu'elles suivent les normes et les règles de leur culture (voir annexe 1).

La méthodologie comprend à la fois des questions ouvertes ("Liste des fêtes nationales") et la possibilité de choisir parmi plusieurs options ("Ce qui permet à une personne de s'identifier à une nationalité particulière : langue, lieu de naissance, nationalité du père, nationalité de la mère, perception de soi, etc.)

La composante affective a été mesurée à l'aide de la méthode "Questionnaire de tolérance de communication", autrement appelée le test V.V. Boyko. Dans sa structure, il s'agit d'un test, où 45 jugements sont répartis en 9 blocs situationnels visant à tester la perception de l'individualité d'autres personnes. Chacun des jugements rendus par le défendeur doit être noté sur une échelle de 0 ("absolument faux") à 3 ("vrai au plus haut degré (très fort)") selon leur degré de véracité pour le défendeur lui-même. Les jugements rendus pour l'auto-évaluation portent aussi indirectement sur les aspects interculturels de la communication (voir annexe 2).

Les blocs suivants font partie du "Questionnaire" :

1. Le rejet ou l'incompréhension de la personnalité d'une personne.

2. en se servant de soi-même comme référence dans l'évaluation des autres.

3. La catégorisation ou le conservatisme dans les évaluations des gens.

4. L'incapacité à cacher ou à aplanir des sentiments désagréables.

5. L'envie de refaire, de réhabiliter un partenaire de communication.

6. L'aspiration à s'adapter aux autres participants dans la communication.

7. L'incapacité à pardonner une autre erreur.

8. Intolérance aux états inconfortables du partenaire de communication.

9. Manque d'adaptation aux autres participants à la communication.

Les notes sont comptées séparément pour chaque bloc, ce qui permet d'identifier les domaines de relations les plus problématiques entre les élèves.

La composante comportementale de la compétence interculturelle a été analysée à l'aide de la méthode "Auto-évaluation du niveau de réflexion ontogénétique". Le choix est conditionné par l'importance de cette opération de réflexion dans le processus de vie, car elle implique l'analyse des erreurs passées, des expériences réussies et non réussies de communication interculturelle.

La méthode implique la compréhension par les sujets de stratégies comportementales dans des situations pratiques spécifiques, soulève des questions d'estime de soi et de perception de leur propre personnalité. Le questionnaire se compose de 15 questions fermées avec un choix alternatif ("oui"/"non savoir"/"non"), avec une échelle numérique de 2 à 0. Les questions sont de nature générale et on suppose qu'une analyse réfléchie des déclarations peut fournir des preuves de la capacité des étudiants à identifier les causes du conflit entre la culture du médecin et celle du patient (voir annexe 3).

La méthodologie de la recherche menée comprend quatre étapes, traditionnellement distinguées par les méthodologistes [19, p. 13] : l'étape de préparation, à laquelle la recherche a été organisé ; l'étape de recherche proprement dite, à laquelle la recherche proposée a été mise en œuvre ; l'étape d'analyse et de déclaration, à laquelle les données reçues ont été traitées, et l'étape d'interprétation, à laquelle l'essentiel de ce qui a été réalisé a été révélé. Les progrès, le contenu et les méthodes d'action à chaque étape sont reflétés dans le tableau :

№	Étapes	Délais .	Contenu des travaux	Méthodes
1	**Phase de préparation**	Octobre. 2015- feve. 2016	Sélection du problème de recherche ; étude de la littérature scientifique et des meilleures pratiques des enseignants ; détermination de la portée de la composante interculturelle représentée dans la littérature pédagogique	Théorique : étude de la littérature psychologique, pédagogique et méthodique nationale et étrangère sur le problème de la recherche ; analyse critique de la littérature pédagogique

			et méthodologique utilisée dans l'enseignement de la RKI dans les universités médicales ; formulation des buts et objectifs de la recherche ; élaboration d'une hypothèse de travail ; élaboration d'un plan pour la recherche expérimentale ; sélection des méthodes de mesure ; sélection et préparation des étudiants pour la recherche.	moderne liée au domaine de l'enseignement de la RKI dans les universités médicales ; modélisation ; méthode de classification ; extrapolation des spécificités des activités interculturelles dans un domaine spécifique (médecine et soins de santé) ; étude de l'expérience avancée des chercheurs et des enseignants. Empirique : description ; comparaison ; généralisation.
2	**2. phase de mise en œuvre**	Mars 2016 - avr. 2016	Mener une étude pour identifier le niveau de développement des - composantes de la compétence	Empirique : l'observation au poste de travail des sujets de test ; les tests ;

			interculturelle afin de diagnostiquer leur développement au cours de l'apprentissage	l'enregistrement des résultats
3	**3. la phase d'-analyse**	Mai 2015	Traitement et analyse des données obtenues à l'aide de méthodes statistiques mathématiques ; comparaison des données ; création de tableaux et de diagrammes ; rédaction d'un rapport sur le déroulement et les résultats de l'étude.	Empirique : statistique et mathématique traitement expérimental des données ; description ; comparaison ; généralisation.
4	**4. stade de l'-interprétation**	Août-Septembre 2016	Synthèse et interprétation, établissement de relations de cause à effet ; formulation de conclusions finales.	Empirique : description ; comparaison ; généralisation.

En terminant l'examen des méthodes utilisées et la description des étapes de la recherche, il convient de mentionner les limites éthiques et méthodologiques existant dans la procédure de mesure de la formation de la compétence interculturelle des étudiants internationaux.

Par-dessus tout, la barrière de la langue peut être un obstacle à une évaluation adéquate de la compétence interculturelle. Les apprenants doivent être capables de maîtriser la langue dans laquelle le matériel d'auto-évaluation a été élaboré à un niveau suffisant pour en comprendre le contenu. Il est important que la terminologie utilisée soit commune. L'utilisation d'une langue de communication qui n'est pas la langue maternelle des répondants conduit à faire la moyenne des réponses des différents pays, ce qui rend les différences culturelles moins contrastées. Ainsi, la langue peut avoir un impact significatif sur les résultats obtenus grâce aux outils que nous considérons.

Le concept même de "compétence interculturelle", qui est essentiellement un phénomène dynamique évoluant tout au long de la vie humaine, est également limité par des difficultés théoriques. La complexité de la communication et de la culture interculturelles est assez difficile à mesurer en général [44].

Enfin, sur le plan éthique de la recherche, le principe du relativisme culturel, selon lequel il n'existe pas de norme de "bien" ou de "droit" dans un comportement culturellement contingent, doit être strictement respecté [44, p. 7].

Comme l'expliquent les chercheurs, "toute tentative de classer le comportement dans une culture donnée comme "bon" et "mauvais" va renvoyer l'étudiant dans des positions ethnocentriques" [44, p. 9]. La comparaison des phénomènes linguistiques et culturels n'a pas été accompagnée d'évaluations "mauvaises" et "bonnes", mais des catégories d'évaluation "autres", "pas comme les nôtres", "mais curieux et déjà compréhensibles" ont été utilisées, recommandées par les méthodologues [44, p. 7].

Il est important de rappeler que la compétence interculturelle est une éducation personnelle, car elle est étroitement liée à l'identité. Lorsqu'il s'agit de compétence interculturelle, l'enseignant est responsable des changements qui se produisent dans la personnalité de l'étudiant. Lorsqu'il reçoit des informations personnelles d'un étudiant, l'enseignant doit être guidé par des principes éthiques [7, p. 209]. L'utilisation de situations conflictuelles issues de l'expérience personnelle d'un étudiant dans le cadre d'une activité peut poser des problèmes éthiques. Une intervention inadéquate dans ce domaine peut avoir de graves conséquences. À cet égard, il convient de garder à l'esprit qu'une classe doit remplir une fonction éducative plutôt que psychologique ; l'apprentissage ne doit jamais imposer à l'étudiant la vision du monde des concepteurs du cours ou des supports de cours. Un enseignant qui ne reconnaît pas le droit à la dissidence de ses élèves a peu de chances de contribuer au plein développement des compétences en interaction avec d'autres cultures. Cependant, les concepteurs de cours qui ont conçu des cours visant à développer la compétence interculturelle n'en tiennent pas toujours compte.

2.2 Analyse et interprétation des résultats de la recherche

Les données de l'enquête expérimentale ont été traitées dans un tableur Microsoft Excel. Il convient de souligner que l'enquête était anonyme, indiquant le pays, l'âge et le sexe des sujets. Afin d'éviter toute fausse interprétation des positions du test, les étudiants ont reçu des instructions sur la manière de remplir le questionnaire avant le test, suivi d'une discussion orale des résultats de l'enquête.

Suite au traitement des questionnaires selon la méthodologie "Evaluation des points communs et des différences entre les représentants de différentes nationalités", I.L. Pluzhnik a reçu les données suivantes, indiquées dans le tableau 1.1, où 1 - désaccord extrême, 5 - approbation complète.

"Attitude à l'égard de votre propre culture"

	DÉCLARATION POSITIVE 1	DÉCLARATION POSITIVE 3	DÉCLARATION POSITIVE 5	DÉCLARATION POSITIVE 7	DÉCLARATION POSITIVE 9	DÉCLARATION NÉGATIVE 2	DÉCLARATION NÉGATIVE 4	DÉCLARATION NÉGATIVE 6	DÉCLARATION NÉGATIVE 8	DÉCLARATION NÉGATIVE 10
1. Abkhazie	4,5	4	5	1,7	4	1	1	1	1,3	2,7
2. Azerbaïdjan	5	5	4	3	4	3	3	1	3	3
3. Albanie	1	4	2	3	5	5	1	1	4	5
4. Arménie	4,5	2,3	3,7	4	3,3	1,7	2	1,3	2,3	1
5. Vietnam	3,5	4	4	4	3,5	2	1,5	2	1,5	2
6. Israël	2,5	3	4	3	3,5	2	1,7	2	3	2
7. Jordanie	3	4	4	3	4	2	2	3	1	2
8. Liban	3,7	2,5	3	4	2,7	1,7	2	2	2,3	1,8
9. Macédoine	4	3	3	3	5	3	2	1	2	3
10. Moldavie	2,7	3,3	3,7	2,7	2,7	2,7	1,3	2,3	3,3	2
11. EAU	3	2	4	5	3	1	2	3	2	2
12. Syrie	3	2,7	3	3,5	2,7	2	1,5	2	2,7	1,7
13. Turkménistan	4	3,6	4	3,4	3,7	2	2	2,3	1,7	2,3
14. Turquie	5	4	3	4	4	2	3	2	1	1
15. Ouzbékistan	3,8	3,2	3,4	2,2	3,2	1,4	1,2	2	2,4	2,2
16. Ukraine	2,3	2,3	3,7	2,4	3,3	3,3	3	2,3	2,7	3

La composante cognitive de la compétence interculturelle est représentée dans l'étude par le paramètre de la conscience interculturelle, et l'étude de sa formation s'est déroulée en deux étapes.

Au cours de l'étude, il a été constaté que la difficulté supplémentaire pour les sujets était la spécificité de la construction du test, dans lequel la moitié des déclarations contenait des déclarations positives et l'autre moitié - des déclarations négatives, ce qui nécessitait l'attention et la sensibilité des participants pour identifier les nuances, car les déclarations appariées n'étaient pas des synonymes absolus.

Par exemple, les déclarations n° 5 à 6 ("Je crois que nous avons un mode de vie similaire"). - "Je ne pense pas que nous percevions l'humour et les blagues de la même manière"), a constitué un couple sémantique où le premier a un sens plus général et le second renvoie à un cas particulier du paradigme culturel, en plus d'aborder des paramètres plus privés tels que la perception de l'humour en langue étrangère, qui à son tour affecte les différences linguistiques dans la perception de la bande dessinée. A leur tour, quelques déclarations n° 7 à 8 ("Je pense que nous résolvons les situations de conflit de la même manière"). - "Je ne pense pas que nous ayons les mêmes idées sur la façon de faire se sentir bien") ne concernent que des notions relativement relatives des conditions de dépassement des comportements conflictuels et des normes de comportement de l'étiquette. Mais la plus grande différence s'observe entre les déclarations n° 9 et 10 ("Je crois que nous nous convainquons mutuellement de la même manière"). - "Je ne pense pas que nous ayons la même idée de l'épanouissement d'une personne"), où la première aborde le thème des compétences spécifiques en matière de communication, tandis que la seconde concerne l'autodétermination professionnelle et personnelle.

En général, la première partie du test a révélé les capacités des étudiants à déterminer les similitudes et les différences des cultures nationales, en les comparant avec la connaissance des traditions et des coutumes de la culture russe. La plus grande difficulté, outre la différenciation des déclarations, était la thèse sur l'épanouissement de la personne, en particulier chez le public féminin des personnes testées. On peut supposer que cela est dû à la position spécifique des femmes dans certaines traditions religieuses qui n'approuvent pas une indépendance excessive dans le choix d'une profession et d'un mode de vie. Des difficultés dans l'évaluation de cette déclaration ont été révélées chez des étudiantes d'Ouzbékistan, du Turkménistan et de Syrie.

Dans le premier bloc de questions concernant la culture du pays d'origine, les évaluations les plus négatives ont été faites en ce qui concerne le mode de vie et les idées de compliment, ce qui peut être dû au jeune âge des participants (de 19 à 23 ans) et à la tendance à contraster leur propre individualité et à s'établir dans leur culture complexe de traditions. De plus, la majorité des personnes interrogées ont commenté négativement la notion de "BD" dans leur propre culture et ont motivé leur choix par de telles déclarations : "Je ne comprends pas du tout les blagues de mon pays". Les positions les plus élevées ont été attribuées aux déclarations sur la résolution des situations de conflit et les moyens de persuasion, ce qui démontre la prise de conscience des personnes testées sur le rôle de ces aspects dans la culture nationale.

Les résultats de la deuxième partie du test, qui consiste à comparer la culture autochtone avec la culture du pays étudié (en l'occurrence la Russie), sont présentés dans le tableau 1.2.

"Attitudes à l'égard de la culture des autres".

	DÉCLARATION POSITIVE 1	DÉCLARATION POSITIVE 3	DÉCLARATION POSITIVE 5	DÉCLARATION POSITIVE 7	DÉCLARATION POSITIVE 9	DÉCLARATION NÉGATIVE 2	DÉCLARATION NÉGATIVE 4	DÉCLARATION NÉGATIVE 6	DÉCLARATION NÉGATIVE 8	DÉCLARATION NÉGATIVE 10
1. Abkhazie	2	2,3	1,7	3	3,3	3	3	3	3,3	3,3
2. Azerbaïdjan	1	1	1	3	3	5	5	5	5	5
3. Albanie	3	2	4	3	3	4	3	4	4	2,5
4. Arménie	2,3	2	2	2,7	2,7	4	2,7	4,3	3,3	2,3
5. Vietnam	4	3,5	3	4	3	2	2,5	1,7	3	2,7

6. Israël	3,5	3	4	3	3,5	2	1,7	2	3	2
7. Jordanie	3	4	4	3,5	4	2	2,3	1,7	1	2
8. Liban	2,7	3,5	4	3,7	3,7	2,7	1,5	2	2	1,4
9. Macédoine	3	4	3	3	4	2	2	2	2	3
10. Moldavie	2,7	3	4	3	2,7	3,7	2,7	3,3	3	2,7
11. EAU	3	3	4	4	4,5	1	1,7	2	2	1
12. Syrie	3	4,7	3	3,5	3,7	2	1,5	2	2	1,8
13. Turkménistan	3,7	3,5	3	3	2,8	3	3	2,4	2,4	3
14. Turquie	4	4	4	4	4	2	2,5	2	1	1
15. Ouzbékistan	3,8	4,3	3,8	3,3	3	2	2	1,3	1,3	1,5
16. Ukraine	3,3	3	4	3,9	4	2,6	2,3	1,6	1,6	2,7

Le second bloc, interprétant les thèses par rapport à la culture russe, a noté des réponses plus prudentes et pondérées, l'absence de valeurs limites, l'expression d'un déni aigu ou d'une acceptation complète. Dans le même temps, les étudiants de première année ont eu moins de difficultés à répondre que les étudiants de niveau supérieur, qui se situent à un niveau de réflexion plus élevé dans l'interprétation des relations avec la culture russe.

Il est intéressant de noter l'effet révélé, dans lequel la majorité des personnes testées ont été reconnues : dans les conditions de leur séjour dans un autre pays, elles ressentent plus nettement les différences de culture, pensent plus souvent aux traditions culturelles, aux particularités de la vie et du comportement, certains ont noté l'existence de différences culturelles dans le contexte médical, ont commencé à faire des commentaires plus fréquents sur les particularités de la tradition médicale russe dans le domaine des relations médecin-patient et ont reconnu ouvertement l'inacceptabilité de la mise en œuvre de certaines recommandations dans le cadre du travail avec les patients en Russie.

En caractérisant la méthodologie dans son ensemble, on peut noter une tendance générale à l'établissement de moyennes ("je suis d'accord sur certains points, pas sur d'autres") par rapport à sa propre culture et des caractéristiques plus positives lors de l'évaluation de la culture russe. Nous pouvons conclure que les manifestations de la culture nationale sont traitées de manière plus critique que la culture de la langue étudiée. En même temps, il est prématuré de conclure que la tendance positive des attitudes envers la culture russe peut être due au désir de répondre aux attentes des étudiants étrangers, car le nombre total de réponses positives n'a pas dépassé 65 % du total des réponses. Les valeurs maximales de la négation complète ou de l'accord parfait n'ont pratiquement pas été trouvées dans les deux blocs du test. Les élèves ont été positifs au test.

Parmi les trois composantes à diagnostiquer, c'est la méthode d'enquête ethnopsychologique qui a suscité le plus d'intérêt, dont les résultats sont présentés dans le tableau 2.

	les compétences en langues étrangères	National musique Connaissances	National musique Exécution	Littérature nationale	Objets culturels tangibles	Cuisine nationale	Costume national	Relations d'affaires avec les compatriotes	Relations d'affaires Avec d'autres nationalités.	Relations amicales avec les compatriotes	Relations amicales Avec d'autres nationalités.	Le mariage international	Autodétermination
Abkhazie	100% monolingues	100 %	66 %	100 %	66 %	100 %	33 %	66 %	33 %	100 %		66 %	Langue, lieu de naissance.
- Azerbaïdjan	50% bilingue	100 %	33 %	100 %	0 %	100 %	66 %	indifféremment	indifféremment	indifféremment		indifféremment	Les parents, la langue, la culture.
Albanie	100% monolingues	100 %	66 %	100 %	100 %	100 %	100 %	indifféremment	indifféremment	100 %		indifféremment	langue, culture, lieu de naissance
Arménie	Biilingves 50	100 %	0 %	100 %	100 %	100%	0 %	100 %		100 %		indifféremment	Dépôts, langue, culture
Vietnam	Biilingves 50	100 %	50 %	100 %	100 %	66 %	33 %	100 %	indifféremment	100 %	50 %	33 %	Apparences, culture linguistique
Israël	Monolingles - 100	50 %	50 %	50 %	50 %	100 %	50 %	indifféremment	indifféremment	50 %	50 %	indifféremment	la langue, le lieu de naissance

Pays	Type											Caractéristiques
Jordanie	Bilingue à 100%.	100 %	100 %	100 %	100 %	100 %	100 %	100 %	100 %	100 %	indifféremment	culture, lieu de naissance
Liban	Bl -50%.	80 %	50 %	80 %	100 %	100 %	50 %	75 %	50 %	indifféremment	indifféremment	langue
Macédoine	B - 100%	100 %	33 %	0 %	100 %	30 %	indifféremment	indifféremment	indifféremment	indifféremment	indifféremment	la langue, les traditions
Moldavie	Bilingue à 100	100 %	0 %	66 %	33 %	66 %	33 %	100 %	100 %	100 %	33 %	les traditions, la langue, le lieu de naissance
EAU	Bilingue à 100	100 %	100 %	100 %	100 %	100 %	100 %		100 %	100 %		la culture paternelle
Syrie	Monolingles 100	50 %	50 %	50 %	100 %	100 %	100 %	indifféremment	50 % / 50 %	indifféremment	indifféremment	langue
Turkménistan	Bilingue 16%.	100 %	100 %	67 %	50 %	100 %	84 %	33 %	67 %	67 %	67 %	la langue, le lieu de naissance du père
Turquie	Bilingves 50	50 %	25 %	50 %	66 %	66 %	33 %	60 %	67 %	indifféremment	100 %	la langue, les traditions
Ouzbékistan	Bilingue 16%.	84 %	33 %	50 %	67 %	50 %	50 %	100 %	84 %	84 %	67 %	lieu de naissance, comportement, langue
Ukraine	Bilingue 40%.	100 %	100 %	67 %	16 %	84 %	33 %	100 %	100 %	100 %	indifféremment	la langue, les traditions, la conscience de soi

L'enquête a permis de démontrer la connaissance des réalités spécifiques de la culture : folklore national, musique, littérature, cuisine, etc. Les élèves ont volontiers indiqué les noms des plats, les noms des auteurs, les noms des chansons et des danses dans leur domaine d'intérêt. Dans le même temps, la majorité d'entre eux ont admis qu'ils ne lisent pas la littérature nationale et ne s'intéressent pas à la musique nationale. Le déclin de la popularité de la culture ethnique parmi la moitié féminine des répondants est particulièrement notable. Beaucoup de filles ont parlé négativement de la possibilité de porter un costume national tous les jours ou d'exécuter des danses folkloriques, ce qui confirme la perception répandue des hommes comme héritiers et gardiens des traditions. Il n'y a pas de jugement aussi tranchant chez les hommes, bien que la majorité admette qu'ils ne savent pas comment exécuter la danse nationale.

Les questions sur la source de connaissance de la culture autochtone ont posé de nombreuses difficultés, car les élèves ne pouvaient pas identifier un porteur de traditions spécifique dans leur propre environnement : "toujours su", "j'entends tout le monde". Dans le même temps, environ 15 % des répondants ont mentionné la télévision et l'internet parmi leurs sources.

La majorité des personnes interrogées possèdent des objets de culture nationale à l'intérieur et, le plus souvent, ces objets d'art appliqué ont été hérités de leurs parents ou de leurs grands-mères, bien qu'environ 5 % des personnes interrogées admettent avoir acheté de tels objets au marché ou dans un magasin.

La composition mono-ethnique ou mixte de la famille, la possibilité de mariages interethniques, la langue utilisée comme moyen de communication au sein de la famille dans l'environnement bilingue ont fait l'objet de nombreuses discussions. Seulement 25 % des élèves ont été élevés dans des familles mixtes, mais en même temps 65 % dans une région particulière ont été influencés par une deuxième langue par le biais de parents proches ou de l'environnement immédiat. Dans les républiques d'Asie centrale, deux ou trois langues sont souvent parlées en raison de liens étroits et de l'appartenance à une même famille linguistique, par exemple l'ouzbek et le tadjik, le turkmène et le turc. Les représentants des EAU, d'Israël et de la Syrie subissent une forte influence linguistique de l'anglais et du français.

Dans les familles à composition mixte, la langue du pays de résidence prévaut, tandis que la langue du deuxième parent est utilisée sporadiquement, en dehors de la maison, pour communiquer avec les amis et les invités.

Sur la question des mariages interethniques, la plupart des répondants sont conservateurs, généralement neutres sur ces cas dans leur environnement immédiat, mais refusant une telle possibilité pour eux-mêmes et leurs enfants, en particulier chez les femmes testées.

Les plus difficiles étaient les dernières questions qui exigeaient un haut niveau d'abstraction pour définir les principaux aspects de l'autodétermination : langue, lieu de naissance, perception de soi, etc. Les trois premiers critères ont été retenus et ont suscité une masse écrasante de réponses (78 %), tandis que les autres options étaient rares, ce qui indique un faible niveau d'intérêt pour ces aspects philosophiques de la culture.

En résumant les résultats de cette étape de test, on peut affirmer en général un intérêt modéré pour la culture autochtone, la disparition progressive de la tradition d'interprétation des chants nationaux dans la famille ou dans l'environnement le plus proche, le manque d'expérience de lecture dans l'étude de la littérature autochtone, le refus de porter un costume national. Les traditions familiales ne sont soutenues qu'au niveau esthétique et gastronomique : décoration des intérieurs avec des objets de la vie matérielle et préparation des plats de la cuisine nationale. Cette situation est particulièrement fréquente chez les étudiants des anciennes républiques soviétiques (Ouzbékistan, Turkménistan), tandis que les représentants du Moyen-Orient (Syrie, Liban) sont plus conservateurs dans l'observation des traditions. La plupart d'entre eux ont éprouvé des difficultés à énumérer les noms des fêtes nationales, en mentionnant les fêtes paneuropéennes (la veille du Nouvel An) ou les fêtes religieuses musulmanes (Navruz, Kurban Bayram) sans label national spécifique.

La composante affective de la compétence interculturelle a été évaluée en mesurant l'empathie. Pour les capacités empathiques, l'indice général a été calculé sans division en canaux rationnels, intuitifs et émotionnels car l'influence méthodique sur la composante affective est difficile et réside dans les caractéristiques psychologiques de la personne.

Les résultats de l'étude sont présentés dans le tableau 2.

		Le rejet de l'individualité	Se servir de soi-même comme référence	La catégorisation dans les évaluations des gens	L'incapacité à cacher des sentiments désagréables	Une volonté de refaire	Le désir de s'intégrer	L'incapacité à pardonner les erreurs	Intolérance à l'égard de l'inconfort du partenaire	Ne pas pouvoir s'adapter aux autres	au total
		1 unité	bloc 2	bloc 3	bloc 4	bloc 5	unité 6	unité 7	unité 8	unité 9	
1.	Abkhazie	3	2	8	3,5	9	2,5	2,5	4,5	2,5	37,5
2.	Azerbaïdjan	11	5	6	10	1	6	3	6	3	51
3.	Albanie	5	4	7	6	6	3	6	4	4	45
4.	Arménie	2	3	9	5	7	2	7	3	4	42
5.	Vietnam	6,5	4	5,5	6	3,5	4,5	6	4	5,5	44,5
6.	Israël	5	5	6	8	6	5	6	6	7	54
7.	Jordanie	6	5,5	6	5,5	6	5	5,6	5,4	8	53
8.	Liban	5,5	6	3,5	6,5	5,5	5,5	8	6	7,6	54,1
9.	Macédoine	6	1	10	6	8	3	5	5	5	49
10.	Moldavie	6	4,5	8,5	8	7	5	3	8,5	3,5	54
11.	EAU	7	7	7	7	4,5	7	7,3	6	5	57,8
12.	Syrie	6	4	5	7	7,6	4	7,3	5	5,6	51,5
13.	Turkménistan	9	6	7,7	8,3	8	6,3	7	5,3	5,7	63,7
14.	Turquie	6	4	6	6,5	7	6	7	7	4	53,5
15.	Ouzbékistan	7,3	5	9	5,7	6,3	6	5,7	9	6,7	60,7
16.	Ukraine	6	3,5	6,8	3,3	3	2,9	3,3	2,3	2,4	33,7

Plus le score est élevé, plus le niveau de tolérance communicative est faible, ce qui indique une intolérance zéro envers les autres et une probabilité élevée de conflits. Il importe également de savoir pour quels blocs comportementaux des scores cumulés élevés sont obtenus. Plus les notes sont élevées pour un attribut particulier, moins le sujet est tolérant pour les personnes dans cet aspect des relations avec elles et plus il est difficile d'établir un processus de communication efficace. En revanche, plus le score d'un attribut comportemental particulier est faible, plus le niveau global de tolérance communicative pour cet aspect de la relation est élevé.

En général, les chiffres globaux indiquent un degré moyen de tolérance parmi les étudiants, avec des résultats allant de 45 à 85 points. Les étudiants d'Ukraine, d'Abkhazie et d'Arménie ont fait preuve d'un niveau de tolérance élevé, tandis que les étudiants d'Ouzbékistan, du Turkménistan et des Émirats arabes unis ont obtenu les résultats les plus faibles, montrant des signes d'une société patriarcale traditionnelle avec une faible capacité d'adaptation.

L'analyse des données des tests a révélé la prévalence des valeurs moyennes de l'échelle de gradation dans l'évaluation des blocs de situation.

Le plus grand nombre de jugements négatifs a été noté dans le bloc 4, qui caractérise l'incapacité à cacher ou à aplanir des sentiments désagréables. Les étudiants ont démontré un manque de développement des compétences responsables de la résolution de situations conflictuelles. En même temps, lors d'une conversation orale après le test, ils n'ont pas pu donner une définition exhaustive d'une personne sûre d'elle, d'une personne qui peut leur être désagréable. La plupart des caractéristiques étaient en quelque sorte liées à la relation médecin-patient. Les étudiants ont donné des exemples de patients nerveux et exigeants, de personnes très exigeantes en matière de soins médicaux. Cependant, la plupart ont exprimé l'opinion qu'une personne dont l'estime de soi ne correspond pas à ses capacités réelles peut être considérée comme sûre d'elle. L'opinion a été exprimée que cette tendance à façonner la compétence interculturelle du futur médecin peut être très dangereuse, car elle implique la possibilité d'une erreur médicale et d'un préjudice pour le patient.

La deuxième par le nombre d'évaluations négatives, bien qu'inférieure à la précédente, est le bloc n° 7 concernant le thème "Capacité à pardonner les erreurs d'autrui". Environ 18 % des personnes interrogées ont exprimé l'opinion qu'il leur est difficile de pardonner les erreurs des autres et de renoncer à des pensées vindicatives sur le délinquant, tandis que les femmes interrogées ont donné un pourcentage plus élevé de notes négatives que les hommes.

Attirant la matière des exercices pratiques sur la discipline, il faut noter, en général, le faible niveau d'empathie des répondants. Les élèves ont admis qu'il leur est parfois difficile d'accepter la position de patients ayant d'autres origines culturelles et religieuses. Et s'il est assez facile de mesurer le niveau de conscience interculturelle des étudiants, il est difficile de susciter chez eux une réaction émotionnelle, entraînant des changements durables dans leur vision du monde.

En outre, les participants à l'apprentissage expérientiel pourraient reconnaître que leur attitude envers d'autres cultures a été affectée, mais qu'en conséquence, ils n'ont pas changé leur décision sur les cas en question de conflits entre les médecins et leurs patients.

L'évaluation du niveau d'empathie par l'observation du comportement des élèves dans diverses formes de discussion a montré que les élèves ne faisaient que peu ou pas de déclarations susceptibles de confirmer à leur interlocuteur que leur position et leurs sentiments étaient entendus.

Dans le même temps, les blocs n° 6 et 8 concernant les compétences de communication directe avec les personnes ont reçu les évaluations les plus positives. Les personnes interrogées ont exprimé l'opinion qu'elles ont un contact relativement facile avec les gens et ne se sentent pas mal à l'aise avec un long séjour ensemble dans un espace clos. On peut supposer que cette loyauté est due aux conditions de vie des étudiants, dont la plupart vivent dans des dortoirs où la flexibilité dans la résolution des conflits est une condition préalable. Par conséquent, compte tenu des résultats des blocs précédents, il est possible de tirer une conclusion préliminaire selon laquelle les personnes testées ont des émotions négatives uniquement si des questions litigieuses provoquent une situation de confrontation aiguë, dans les autres cas, elles sont enclines à rechercher des compromis.

En général, on peut noter l'absence de notes extrêmes traduisant un rejet total ou, au contraire, un accord parfait avec l'affirmation proposée, et la prédominance de valeurs moyennes "vraies dans une certaine mesure", "vraies dans une mesure considérable", exprimant l'aspiration des élèves à des décisions de compromis, les femmes interrogées étant plus enclines à critiquer les autres que les hommes.

La méthodologie pour mesurer la composante comportementale de la communication interculturelle implique la compréhension par les sujets de stratégies comportementales dans des situations pratiques spécifiques, aborde les questions d'estime de soi et de perception de leur propre personnalité.

Le test suppose une large possibilité d'interprétation de chaque déclaration.

	1 vie. erreur.	Deux vies. Erreur.	3 certitude de l'opinion	4 confessions de vie.	5 changements de caractères au fil du temps	6 la vengeance	7 le sentiment d'échec	8 un sens de l'humour	9 tentatives pour changer le passé	10 dominance émotionnelle	11 problèmes domestiques quotidiens	12 conseils pour la famille	13 souvenirs de choses désagréables	14 auto-évaluation	15 admission d'erreurs	Total .
1. l'Abkhazie	1	1	1,5	1,5	1,5	2	1,5	1	1,5	0,5	1	1,5	2	1	1,5	20
2.- Azerbaïdjan	1,5	1	1,5	1	1	1,5	2	1,5	2	2	0,5	1	1,5	2	1,5	21,5
3. l'Albanie	1	2	2	1	1	2	0	2	1	2	1	2	1	1	2	21
4.Arménie	2	2	2	1	2	1	0	1	2	0	0	2	2	0	2	19

5. le Vietnam	2	0	0	2	0	2	2	0	2	0	0	0	2	2	2	16
6.Israël	2	1,7	1,7	1,3	0,7	1,3	1,7	1	1	1	0,7	1,3	0,7	2	1	19,1
7.Jordanie	2	1	2	1	1	1	1	2	1	2	1	1	2	1	1	20
8. le Liban	2	2	1,2	1,2	1,7	1,5	1,5	1,2	1,2	1,2	1,5	2	1,5	1,7	1,5	22,9
9.Macédoine	2	1	2	2	0	2	2	0	2	1	2	2	1	2	2	23
10.Moldavie	1,5	0,5	1,5	2	1,5	1	1,5	0,5	1,5	2	1	1,5	1,5	2	1,5	21
11.UAE	1	1	2	2	2	1	1	2	1	2	1	2	1	2	2	23
12.Syrie	1,8	1,8	1,2	1,2	1,6	1,4	1,2	1,4	1,2	1,2	1,4	1,8	1,6	1,6	1,4	21,8
13.-Turkménistan	0,7	1,3	0,7	1,3	1,7	1	1	1	1	0,3	0,7	1,3	0,7	2	1	15,7
14.Turquie	1,5	1,5	2	1	2	1	1,5	2	1	2	1	1,5	1	2	1	22
15.-Ouzbékistan	2	2	1,3	1	2	1,7	1,3	1,3	1,3	1,3	1,3	1,7	1,3	2	1,7	23,2
16.Ukraine	1,7	1	2	0,8	1,6	1,8	1,4	1,4	1,8	1,4	1	1,3	1,3	1,7	1,7	21,9

En général, les résultats de l'enquête montrent qu'il existe des contradictions dans l'état d'esprit des étudiants. La plupart d'entre eux admettent qu'ils sont changeants, qu'ils ont fait des erreurs dans la vie et qu'ils ont gardé leurs griefs en mémoire pendant un certain temps. Dans le même temps, le niveau de réflexion le plus élevé a été montré par les représentants du Liban, de la Macédoine, des EAU, de l'Ouzbékistan, de la Turquie, tandis que le niveau le plus bas a été montré par les étudiants du Turkménistan, du Vietnam, de l'Arménie.

Le pourcentage de répondants satisfaits de leur personnalité et n'ayant aucun problème pour résoudre les petits problèmes quotidiens est assez élevé, alors qu'il a été indiqué que les réponses du premier type et du second type se retrouvaient souvent dans le travail de la même personne.

Il existe un fossé entre le moi idéal et le moi réel, et ce fossé s'exprime dans ces déclarations contradictoires qui, d'une part, trahissent le désir de se présenter sous un jour favorable et, d'autre part, témoignent de l'existence de certains problèmes de communication et d'estime de soi. Dans certains articles, l'effet suivant a été observé : lorsque des réponses positives à la plupart des questions ont prévalu, les sujets se sont néanmoins reconnus comme perdants.

Les différences d'âge et de sexe entre les étudiants ont joué un rôle majeur. Les élèves de terminale ont fait preuve d'une plus grande rigueur et d'une meilleure estime de soi. À la fin du test, les déclarations suivantes ont été notées : "on ne peut pas vivre une vie et ne jamais demander pardon", "des erreurs sont souvent commises dans le travail d'un médecin que l'on regrette", etc.

Dans ce contexte général, les étudiantes se sont montrées plus optimistes à leur égard, tout en montrant un niveau élevé d'anxiété face à des solutions mineures aux problèmes quotidiens et un plus grand besoin de discuter de leurs propres problèmes avec leurs proches. En revanche, les hommes testés ont préféré ne pas discuter de leurs crises et erreurs personnelles, et ont relativement vite surmonté leurs griefs mineurs.

Parmi les questions, les moins intéressantes ont été suscitées par les déclarations sur la présence d'un sens de l'humour et sur la perception de sa propre personnalité, la majorité des personnes testées ayant choisi des indicateurs moyens sur ce point.

Ainsi, les résultats de l'étude empirique suggèrent que les sujets ont démontré qu'ils étaient conscients de l'existence de leurs propres préjugés culturels. Il existe une certaine corrélation entre les particularités culturelles de l'éducation et de l'enseignement et la conscience de soi en tant que sujet de culture. Et un rôle important dans la prise de conscience de ce fait a été joué par les diagnostics de la formation de la compétence interculturelle, qui ont révélé les caractéristiques individuelles des étudiants et la spécificité de leur connaissance de leur propre culture, du pays de la langue étudiée et d'eux-mêmes. En conclusion, il convient de souligner que les informations obtenues au cours de l'étude peuvent être directement transférées dans la pratique et utilisées comme recommandations méthodologiques dans l'enseignement, créant ainsi un modèle de compétence interculturelle appliqué à l'activité médicale [51, p. 8].

3.3 Modèle pour la formation de la compétence interculturelle du futur médecin

Sur la base des données de recherche, nous pouvons conclure que la composante cognitive de la compétence interculturelle est la plus facile à mesurer, et qu'elle sous-tend également les programmes de travail de la discipline "Russe langue étrangère". Toutefois, il convient d'accorder une attention égale au développement des deux autres composantes : affective et comportementale.

On en trouve la preuve dans les travaux de recherche sur la compétence interculturelle du personnel médical, qui soulignent la nécessité de changer avant tout l'attitude des médecins à l'égard des patients d'autres cultures, plutôt que leur niveau de connaissances spécifiques à la culture [44, p. 11]. L'enseignement visant à développer la compétence interculturelle doit toujours être très efficace.

D'autres chercheurs nationaux soulignent également la charge affective élevée que représente le développement de la compétence interculturelle dans l'enseignement universitaire. Selon les méthodologistes, l'utilisation des méthodes d'éducation intellectuelle, qui sont habituelles pour les enseignants universitaires, ne suffit pas pour que les étudiants maîtrisent d'autres systèmes de comportement [Ibid. p. 118] et pour élargir l'éventail des comportements des étudiants [13, p. 21].

La composante comportementale de la compétence interculturelle est également essentielle pour porter des jugements sur la compétence interculturelle, car c'est le comportement passé et présent qui est le meilleur indicateur du comportement futur d'une personne. Le fait est que les étudiants peuvent avoir une connaissance théorique approfondie de la communication interculturelle et la bonne attitude pour réussir dans la communication interculturelle, mais qu'ils peuvent ne pas être capables de réaliser tout cela de manière compétente.

Un rôle important est joué ici par des tâches situationnelles complexes qui sont portées à la discussion de l'ensemble du groupe. Dans une situation de face-à-face, les élèves sont très sensibles aux réactions de l'enseignant et des autres élèves face à des décisions prises publiquement d'agir dans une situation de conflit. En outre, les étudiants sont devenus assez rapides pour reconnaître les caractéristiques culturelles spécifiques du comportement des patients et cherchent à les utiliser dans le processus de persuasion de leur côté dans les décisions médicales.

L'expérience pédagogique montre que les étudiants qui ne se sont pas retrouvés dans des situations ambiguës ou conflictuelles au cours d'une véritable communication interculturelle ont tendance à faire preuve d'une faible motivation dans les leçons, d'un rejet de l'idée de l'existence de différences culturelles qui peuvent compliquer considérablement la compréhension mutuelle et, par conséquent, d'une réticence à participer au processus d'apprentissage. Le fait est que le "vivre" de la culture est le meilleur moyen de vivre pleinement les difficultés de la communication interculturelle. En outre, il a été prouvé que les connaissances acquises par l'expérience sont plus stables à long terme que toute information présentée théoriquement. En d'autres termes, il a été reconnu que l'apprentissage à partir de sa propre expérience est très efficace pour développer la compétence interculturelle, grâce à la possibilité de recréer artificiellement des situations d'interaction interculturelle.

En commençant par l'élaboration d'un modèle pour la formation de la compétence interculturelle, nous constatons qu'en linguistique, il existe un certain nombre d'approches qui considèrent le problème de l'étude de la langue et de la culture étrangères comme dominant : l'étude linguistique (E.M. Vereshchagin, V. G. Kostomarov, A. N. Shchukin, etc.), linguistiques (O. L. Digina, I. A. Winter, etc.), culturelles et pragmatiques (V. P. Furmanova, etc.), socioculturelles (V. V. Safonova, S. G. Ter-Minasova, etc.), communicatives et ethnographiques (M. Bairam, etc.), et autres. Toutefois, lors de la formation des étudiants dans des spécialités non linguistiques, qui comprennent des spécialités médicales, les possibilités méthodologiques d'utiliser les approches ci-dessus sont considérablement limitées.

De toutes les approches qui considèrent le problème de l'apprentissage d'une langue et d'une culture étrangères comme dominant, une approche interculturelle est préférable aux étudiants en médecine pour plusieurs raisons. Tout d'abord, il est impossible d'utiliser une grande quantité de matériel culturellement spécifique dans les cours d'une université médicale, car le cours de langue doit avoir une orientation professionnelle. La situation en ce qui concerne la tâche d'étudier la langue et la culture est aggravée par le petit nombre d'heures de discipline de RKI dans les programmes des facultés de médecine. En outre, le niveau initialement insuffisant des connaissances des étudiants en langue russe et en méthodes de recherche humanitaire ne permet pas au professeur de se concentrer sur l'étude des manifestations culturelles dans les phénomènes linguistiques. C'est donc l'approche interculturelle qui permet de prendre en compte les besoins contemporains d'enseignement dans les universités médicales.

Le choix du contenu de la formation a commencé par la détermination de la sphère de communication, qui a été fixée par les spécificités du cours à des fins spéciales dans l'auditorium des étudiants en médecine. La sphère d'activité professionnelle des médecins spécialistes détermine à son tour les situations de communication, c'est-à-dire le contexte et les participants de la communication en langue étrangère. Dans le processus d'apprentissage, ces situations de communication ont été modélisées avec tous leurs paramètres inhérents, afin que les étudiants apprennent à utiliser les outils de langues étrangères et à mettre en œuvre la compétence interculturelle en fonction des paramètres de la situation.

Le modèle méthodologique pour la formation de la compétence interculturelle, qui est un ensemble de composantes structurelles - but, objectifs, principes, formes, méthodes, moyens et résultats de l'apprentissage - est mis en œuvre dans le processus éducatif, qui se déroule traditionnellement en quatre étapes. Cependant, la technologie de l'interaction avec les étudiants étrangers a droit à ses spécificités. Par conséquent, il faut tenir compte du fait que le processus même de formation de la compétence interculturelle des étudiants étrangers est précédé par l'apprentissage de la langue, ses paradigmes lexicaux et grammaticaux, de sorte que la composante linguistique du cours accompagne ou précède la composante culturelle elle-même.

La première étape (provisoire) couvrant la première moitié de la première année vise à stimuler l'orientation motivationnelle des étudiants vers l'apprentissage d'une langue étrangère comme moyen de développement culturel général, d'amélioration professionnelle et personnelle.

Conformément à cela, le contenu du travail à ce stade est mis en œuvre dans l'aspect "langue des documents officiels", visant à développer les compétences en matière de prise de parole en public (présentation, exposé, discussion, exposé), à développer les compétences en matière de lecture de la littérature spéciale afin d'obtenir des informations par la connaissance des bases du résumé, de l'annotation et de la traduction de la littérature spéciale. À cette fin, on utilise souvent une méthode de dialogue éducatif qui stimule l'auto-développement de la personnalité du futur spécialiste en incluant les tâches proposées dans des contextes sociaux larges et en acquérant la capacité de relier les outils linguistiques aux normes de comportement vocal des locuteurs natifs, avec des domaines, des situations, des conditions et des tâches de communication spécifiques.

Le travail de la première étape peut être principalement caractérisé comme la formation de la composante cognitive de la compétence interculturelle dans son aspect culturel général, révélant la relation, l'influence mutuelle de la culture autochtone et de la culture des principaux pays de la communauté mondiale et fournissant une motivation positive et un besoin constant d'apprendre une langue étrangère, d'améliorer les compétences et les connaissances linguistiques.

Au niveau de la langue, le contenu du travail à ce stade est mis en œuvre dans le cadre du développement des compétences de compréhension orale, du développement des compétences d'expression orale, de lecture et d'écriture.

La deuxième étape (recherche) couvrant la deuxième moitié de la première année vise à accumuler davantage d'informations sur le mode de vie de la communauté linguistique et ethnoculturelle du pays de la langue étudiée, comme base d'une communication réussie dans des situations de communication interculturelle liées à la solution de tâches personnelles et professionnelles à venir. Dans la deuxième étape, il y a une formation parallèle des composantes cognitives et affectives de la compétence à la lumière des études linguistiques et nationales, introduisant le futur spécialiste dans le monde de la culture du pays de la langue étudiée et l'orientant vers le développement de qualités telles que la tolérance, l'empathie, la communicativité.

Au niveau de la langue, il y a une maîtrise active des unités lexicales avec la sémantique nationale et culturelle du pays de la langue étudiée. À cette fin, des méthodes d'enseignement problématiques sont appliquées, visant à former une attitude tolérante à une autre façon de penser, à une position différente en tant que partenaire de communication.

La troisième étape (transformative), qui couvre la première moitié du deuxième cours, vise à développer les connaissances et les compétences, en donnant au futur spécialiste la capacité de comprendre et d'accepter les différences et les points communs dans les différents modèles de réalité, dans les visions du monde, les comportements spécifiques (y compris professionnels) des représentants d'autres cultures. L'attention principale est accordée à la formation de la composante comportementale dans son orientation socioculturelle, actualisant les connaissances et les compétences nécessaires au futur spécialiste pour une communication commerciale écrite et orale complète sur un large éventail de problèmes sociaux du pays de la langue étudiée.

Au niveau de la langue, l'activité principale consiste à parler et à écouter, à activer le vocabulaire et à construire les constructions grammaticales correctes nécessaires à une activité médicale réussie.

La quatrième étape (intégratrice), qui couvre la deuxième moitié de la deuxième année, vise à systématiser les compétences du futur spécialiste afin de concevoir des perspectives d'auto-développement dans l'activité professionnelle à venir, sur la base de l'acquisition d'une expérience internationale dans ce domaine. À ce stade, l'accent est mis sur l'orientation professionnelle du cours RCT, qui oriente le futur spécialiste des processus domestiques et mondiaux modernes typiques pour sa future activité professionnelle.

Les exercices prennent la forme d'une discussion (jeu de rôle, jeu d'imitation et table ronde) dans le but de développer les compétences de communication ; des exercices à choix multiples, des exercices de substitution, des exercices de transformation, des exercices à choix croisés, des exercices de paraphrase intra-langue (synonymie) sont inclus.

Parmi les directives méthodologiques directement adressées à l'enseignant de la discipline, il convient de noter la nécessité pour les étudiants de développer une attitude positive envers les représentants de la culture du pays de la langue étudiée (intérêt pour les phénomènes d'une culture différente, tolérance, empathie pour les représentants d'autres communautés culturelles) ; une formation aux méthodes d'obtention d'informations culturelles (observation externe, observation interne, entretiens, questionnaires, recherche de faits) ; une communication constante avec l'enseignant qui coordonne la recherche et les activités cognitives de l'étudiant.

CONCLUSION

Les conditions de la situation géopolitique moderne liée à l'intégration de la société russe dans l'espace culturel et économique mondial ont révélé un certain nombre de dispositions principales définissant la stratégie de formation du futur spécialiste et les facteurs de son autodétermination professionnelle. Dans les nouvelles conditions, une personne dans la sphère professionnelle devient de plus en plus souvent un participant au dialogue interculturel grâce auquel elle est mieux orientée dans le monde environnant, maîtrisant efficacement de nouveaux modèles d'activité de vie.

Les réalités d'aujourd'hui exigent de l'école professionnelle qu'elle forme un spécialiste capable d'analyser les idées et les concepts scientifiques dans un large contexte international, de comparer l'état actuel de la science et de la pratique avec les idées avancées, de voir les racines historiques et la continuité de ces idées dans l'aspect interculturel. Cela signifie que dans la formation du spécialiste moderne, la formation de qualités intégratives qui favorisent l'établissement d'une compréhension mutuelle entre les peuples et permettent d'accéder à la diversité de la politique et de la culture mondiales pour poursuivre son développement professionnel et personnel devient pertinente.

Par conséquent, la pertinence de l'étude de l'adaptation sociale dans le contexte de la communication interculturelle est déterminée par les circonstances suivantes :

1) le développement des processus d'intégration dans le monde entier et la nécessité de surmonter les obstacles à la communication résultant de la complexité des formes d'interaction interculturelle des personnes ;

2) l'exacerbation des conflits interethniques due au renforcement de la perception ethnocentrique de la paix ;

3) L'augmentation des flux migratoires due à la fois à des raisons économiques et à l'internationalisation du marché du travail, ainsi qu'à l'intérêt pour les échanges scientifiques et étudiants ;

4) la nécessité d'optimiser les relations entre les différentes cultures et sous-cultures et d'acquérir des compétences interculturelles.

L'analyse des résultats de la recherche empirique sur la formation de la compétence interculturelle des étudiants étrangers en médecine a révélé les caractéristiques de la dynamique et de l'orientation du développement de chaque composante structurelle de la compétence interculturelle (cognitive, affective et comportementale) séparément, étayant les données empiriques par des conclusions théoriques sur les caractéristiques du processus éducatif des étudiants étrangers.

Les résultats de l'étude ont servi de base à l'élaboration d'un modèle méthodologique pour l'enseignement d'unités linguistiques à orientation professionnelle aux étudiants en médecine dans le cadre d'une approche interculturelle, qui nécessite, tout d'abord, une formation progressive et une immersion dans l'environnement culturel du pays de la langue étudiée.

Ainsi, la formation d'une compétence interculturelle complète des étudiants étrangers en médecine est en mesure d'assurer la maîtrise de la discipline "Russe comme langue étrangère" en raison de sa nature interdisciplinaire, de son potentiel éducatif élevé et de la capacité à créer un espace éducatif acceptable pour obtenir une expérience unique d'interaction avec des cultures familières et non familières. Le développement de cette compétence dans le cadre des cours de langues étrangères est considéré comme logique, puisque la langue et la culture sont les côtés d'un même tout, mais il n'est possible que dans le cadre d'un modèle méthodologique approprié basé sur une approche interculturelle de l'enseignement des disciplines linguistiques.

LISTE DE RÉFÉRENCE

1.   Almazova N.I. Aspects cognitifs de la formation de la compétence interculturelle dans l'enseignement d'une langue étrangère dans une université non linguistique : mémoire de l'auteur, docteur en sciences / N.I. Almazova. - Saint-Pétersbourg, 2003. - – 28 c.

2.   Apalkov VG, Sysoev P. V. Composition de la composante de la compétence interculturelle (en russe) // Vestnik de l'Université de Tambov. Série : Sciences humaines. - – 2008. - Vestnik de l'université de Tambov. 2008. 8 (64). - – C. 89-93.

3.   Bagramova, N.V. Concept de l'enseignement des langues étrangères dans une université non linguistique (en russe) // Problèmes de la philologie et de la linguistique modernes : Collection d'ouvrages scientifiques (en russe) / édité par N.V. Bagramova, A.E. Krasnov, L.V. Panteleeva. - Saint-Pétersbourg : publié dans Herzen Russian State Pedagogical University, 2010. - Numéro de l'Université pédagogique d'État russe de Herzen, 2010. 4. - – C. 131-135.

4.   Bergelson, M.B. Intercultural communication as a research program : linguistic methods of studying the cross-cultural interactions (en russe) // MSU Newsletter. Ser. 19. la linguistique et la communication interculturelle. - – 2001. - – № 4. - – C. 175-190.

5.   Blinov, L.V.   ;   Nedorezova,   V.L.   La   compétence socioprofessionnelle d'une personnalité est un produit de l'interaction interculturelle (en russe) // Enseignement pédagogique et scientifique. - – 2008. - – №1. - – C. 52-56.

6.   Boyko V. V. L'énergie des émotions dans la communication : un regard sur soi-même et sur les autres / V. Boyko. - Moscou : Maison d'information et d'édition "Filin", 1996. - – 472 c.

7.   Brighton, K. ; Rudenko, N.S. Evaluation de la compétence de communication interculturelle (en russe) // L'éducation pédagogique en Russie. - – 2013. - – № 1. - – C. 207-214.

8.   Bunyatova, F.D. Particularités de la communication interculturelle à l'époque des technologies de l'information (en russe) // Les technologies de l'information et de la communication dans l'enseignement des langues étrangères et la communication interculturelle : Coll. des articles II de la Conf. scientifique et pratique internationale / édité par A.L. Nazarenko. - Moscou, Université d'État de Moscou, 7-8 juin 2006 - C. A. L. Nazarenko. 329-333.

9.   Vasilyeva, G.M. ; Kharchenkova, L.I. Les principales orientations de la formation de la compétence interculturelle des étudiants des spécialités humanitaires (en russe) // Revue pédagogique. - – 2012. - – № 2-3. - – C. 51-63.

10.   Vereshchagin E. M. ; Kostomarov, V.G. Langue et culture : Linguostranoveda dans l'enseignement du russe comme langue étrangère (en russe) / E.M. Vereshchagin, V.G. Kostomarov. - Moscou : Rus. yaz., 1990. - – 246 c.

11.   Galochkina E.A. "Let them teach me". Communication interculturelle en classe (en russe) // Russie et Occident : dialogue des cultures. Ep. 5. - MOSCOU : UNIVERSITÉ D'ÉTAT DE MOSCOU. - – C. 362-373.

12.   Galskova, I.D. Apprentissage interculturel : le problème des objectifs et des contenus de l'apprentissage des langues étrangères (en russe) // Les langues étrangères à l'école. - – 2004. - – №1. - – C. 3-8.

13.   Gudkov, D.B. Communication interculturelle : problèmes de formation / D.B. Gudkov. - – M., 2000. - – 257 c.

14.   Gudkov, D.B. Théorie et pratique de la communication interculturelle (en russe) / D.B. Gudkov. - – M., 2003. - – 287 c.

15.   Eutyugina A. A. Formation de la compétence interculturelle de l'expert en économie (en russe) / A.A. Yevtyugina // Dialogue scientifique. - – 2013. - – № 8 (20). Pédagogie. - – C. 65-74.

16.   Elizarova G. V. Formation de la compétence interculturelle des étudiants dans le processus d'enseignement de la communication en langue étrangère : résumé du CD. ... Dr. péd. des sciences : 13.00.02 / G.V. Elizarova ;

Université pédagogique d'État de Saint-Pétersbourg. A.N. Herzen. - St.-Petersbourg, 2001. - – 31 c.

17. Elizarova, G.V. Enseignement de la culture et des langues étrangères (en russe) / G.V. Elizarova. - Saint-Pétersbourg : KARO, 2005. - – 352 c.

18. Zabrovskiy, A.P. Regional aspects of intercultural communication and medicine interaction (en russe) // Vestnik de l'Université de Moscou. Série 19. Linguistique et communication interculturelle. - – 2012. - – № 3. - – C. 127-134.

19. Hiver E. A. Les compétences clés comme base de l'approche par les compétences dans l'éducation (en russe) / I.A. Winter. - Moscou : Centre de recherche sur les problèmes de qualité dans la formation des spécialistes, 2004. - – 39 c.

20. Istyagin Yu. S. La personnalité linguistique dans le processus de communication interculturelle // Communication interculturelle et problèmes d'identité nationale / Recueil de documents scientifiques - Voronej : VSU, 2002. - – C. 69-72.

21. Kunakovskaya L. A. Culture réflexive de l'enseignant. Manuel pédagogique et méthodique (en russe) / L.A. Kunakovskaya. - Voronej : Maison d'édition VSU, 2011. - – 80 c.

22. Kazakova O. P. Étapes de la formation de la compétence interculturelle des étudiants de l'université pédagogique // L'enseignement pédagogique en Russie. - – 2012. - Op. 3. - – C. 234-237.

23. Korzennikova, I.N. Se concentrer sur l'activité future en tant que composante de la formation à la compétence interculturelle (en russe) // Personne et éducation. - – 2011. - – № 3 (28). - – C. 161-164.

24. Kirilenko, E.I. Phénomène de la médecine dans l'horizon culturel : bases théoriques de l'analyse et de la spécification ethnoculturelle (en russe) /

E.I. Kirilenko. - Tomsk : IOA SB RAS Publishing House, 2008 (en russe) / E.I. Kirilenko. - – 330 c.

25.   Ladyzhnikova, T.D. Approches permettant la formation de la compétence interculturelle (en russe) // Problèmes de la philologie et de la linguistique modernes : Collection de travaux scientifiques (en russe) / édité par N.V. Bagramova, Yu.A. Komarova, E.A. Krasnov. - Saint-Pétersbourg : Maison d'édition de l'Université pédagogique d'État russe A.I. Herzen, 2008. - Publié dans Herzen Russian State Pedagogical University, 2008. 2. - – C. 116-122.

26.   Lebedeva, N.M. ; Luneva, O.V. ; Stefanenko, T.G. ; Martynova, M.Yu. Dialogue interculturel : formation à la compétence ethnoculturelle (en russe) / N.M.Lebedeva, O.V.Luneva, T.G.Stefanenko, M.Yu. - – M., 2003. - — 268 c.

27.   Leontovich O. A. Introduction à la communication interculturelle : Manuel / O.A. Leontovich. - Moscou : Gnosis, 2007. - – 368 c.

28.   Malkova E.V. Formation de la compétence interculturelle dans le processus de travail sur les textes de lecture : Cand. / E.V. Malkova. - Moscou, 2000 - 263 p.

29.   Matuhin D. L. Enseignement professionnel des langues étrangères aux étudiants de spécialités non linguistiques (en russe) // Langue et culture. - – 2011. - – № 2. - – C. 121-129.

30.   Miftakhutdinova, T.V. Particularités de la formation professionnelle en compétence interculturelle des étudiants universitaires dans le cadre des disciplines humanitaires générales (en russe) // Recherches fondamentales. - – 2012. - – № 11 (4). - – C. 874-877.

31.   Les mangeurs de viande C. P., Kolesnikova, I.V., Borisova, L.G. Russian business culture : impact on the management model : Textbook / S.P. Myasoedov, I.V. Kolesnikova, L.G. Borisova. - Moscou : Maison d'édition "Case" ANKh, 2009. - – 92 c.

32.   Narolina, V.I. Intercultural communicative competence as an integrative ability of a specialist intercultural communication [Electron resource] // E-journal "Psychological science and education". - – 2010. - – № 2. - – C. 1-13. - URL : http://psyedu.ru/journal/2010/2/Narolina.phtml (date de l'adresse : 19.01.2015).

33.   Nizovtseva, T.R. ; Rumyantseva, T.V. Cross-cultural differences in the patient's perception by the medical university students (en russe) // Vestnik de l'Université russe de l'amitié des peuples. Série "Psychologie et pédagogie". - – 2013. - – № 3. - – C. 85-90.

34.   Peyer L. Médecine et culture. How to treat in the USA, England, West Germany and France / Lynn Peyer / édité par EI Kirilenko. - Tomsk : Université d'État de médecine de Sibérie, 2012. - – 240 c.

35.   Pluzhnik I.L. Formation de la compétence communicative interculturelle des étudiants de profil humanitaire dans le processus de formation professionnelle : résumé de Cand. - Tyumen, 2003. - – 33 c.

36.   Pochebut, L.G. Cross-cultural and ethnic psychology : Textbook / L.G. Pochebut. - Spb. : Peter, 2012. - – 336 c.

37.   Workshop on Psychodiagnostics and Study of Personal Tolerance / édité par G.U. Soldatova, LA Shigerova. - M. : MGU, 2003. - – 129 c.

38.   Sadokhin, A.P. Intercultural competence : concept, structure, ways of formation (en russe) // Journal of Sociology and Social Anthropology. 2007. - Volume X. - [1] 1. - – C. 125–139.

39.   Silyaeva, E.G. Formation de la culture de la communication dans l'environnement multi-ethnique // Communication interculturelle et traduction / Actes de la conférence interuniversitaire - Moscou : MosU, 2002. - – C. 138-142.

40.   Taratukhina, Yu.V. Collection de travaux pratiques et de cas pour le cours "Business et communication interculturelle" : un manuel / Yu. - Minsk : Ecoperspective, 2012. - – 210 c.

41.   Taratukhina, Yu. V., Chernyak, N. V. Signification de l'approche différentielle de l'interaction avec des représentants de différentes cultures pour les développements dans le domaine de la didactique interculturelle // Enseignement ouvert et à distance. - – 2013. - – № 2. - – C. 54-67.

42.   Terekhova, T.A. ; Bolshakov, O.B. Domestic conceptual models of the intercultural competence (en russe) // Psychology in economics and management. - – 2011. - – № 1. - – C. 93-105.

43.   Ter-Minasova S.G. Langue et communication interculturelle : Manuel / S.G. Ter-Minasova. - Moscou : Word, 2000. - – 294 c.

44.   T.A. Tkachenko, Formation de la compétence interculturelle comme facteur d'autodétermination professionnelle du futur spécialiste : Cand. - L'UNIVERSITÉ D'ÉTAT. Saratov : SUU, 2005. -24c.

45.   Torubarova I.I. Développement de la capacité d'empathie dans le processus d'enseignement des langues étrangères à l'université de médecine // Vestnik de l'université d'État de Voronej. Série : Linguistique et communication interculturelle. - – 2013. - – № 2. - – C. 224-227.

46.   Utekhina A. N. Didactique interculturelle : monographie / A. N. Utekhina ; sous édition de T.I. Zelenina. - M. : FLINTA : Science, 2011. - – 280 c.

47.   Fetiskin N. P. ; Kozlov, V.V. ; Manuilov, G.M. Diagnostic socio-psychologique de la personnalité et du développement de petits groupes (en russe) / N.P. Fetiskin, V.V. Kozlov, G.M. Manuilov. - Moscou : Publications de l'Institut de psychothérapie, 2002. - – 490 c.

48.   Khukhlaev O. E. "Cross-cultural intellect" : on the way to integration of cognitive and social psychological approach to intercultural communication // Ethnopsychology : issues of theory and practice : Collected scientific papers. Département d'ethnopsychologie et de problèmes psychologiques de l'éducation multiculturelle de la faculté de psychologie sociale de l'université pédagogique d'État de Moscou. - M. : IHPPU, 2010. -

Actes du Département d'ethnopsychologie et des problèmes psychologiques de l'éducation multiculturelle de la Faculté de psychologie sociale de l'Université pédagogique d'État de Moscou. 3. - – C. 76-78.

49. Khukhlayev, O.E. ; Chibisova, M.Yu. Theoretical and practical questions of an intercultural communication : modern tendencies [Electron resource] // Revue électronique "Psychological science and education". - – 2010. - – № 5. - – C. 168-179. - URL : http://psyedu.ru/journal/2010/5/Huhlaev_Chibisova.phtml (date de l'adresse : 19.01.2016).

50. Chernyak N.V. Étude expérimentale comparative de la formation de la compétence interculturelle des étudiants des spécialités médicales (formes d'enseignement à temps plein et à distance, langue anglaise) : résumé de Cand. - Moscou, 2015. - – 32 c.

51. Shcherba, Yu.V. ; Elizarova, G.V. ; Shcherba, O.Yu. Importance de la compétence interculturelle pour l'étude de l'épidémiologie et la fourniture d'une activité professionnelle ultérieure efficace aux étudiants russes et étrangers des écoles supérieures de médecine [Ressource électronique] // Bulletin d'insectologie et de parasitologie. - – 2005. - URL : http://www.infectology.ru/.

BIBLIOGRAPHIE

1. formation à la compétence de communication interculturelle des élèves de la neuvième année de l'école Yakut sur la base de la méthode des projets de télécommunication (en anglais) : CD. Candidat des sciences : 13.00.02 / Alekseeva Marina Petrovna ; [Lieu de protection : Université pédagogique d'État de Saint-Pétersbourg, nommée d'après A.I. Herzen]. - Saint-Pétersbourg, 2005. - – 196 c.

Alekseeva, M.P. La méthode des projets de télécommunication comme base pour la formation de la compétence communicative interculturelle des étudiants (en russe) // L'éducation municipale : innovations et expériences. - – 2009. - – № 3. - – C. 50-52.

Apalkov, V.G., Sysoev, P.V. (a) Principes méthodologiques de la formation de la compétence interculturelle dans l'enseignement des langues étrangères (en russe) // Vestnik de l'Université de Tambov. Série : Sciences humaines. - – 2008. - Vestnik. 2008. 7 (63). - – C. 254-260.

Apalkov, V.G. ; Sysoev, P.V. (b) Composition de la composante de la compétence interculturelle (en russe) // Vestnik de l'Université de Tambov. Série : Sciences humaines. - – 2008. - Vestnik de l'université de Tambov. 2008. 8 (64). - – C. 89-93.

5. Afanasova, V.V. Aspect culturel de la langue des spécialités médicales : dis. Cand. de doctorat en sciences : 24.00.01 / Afanasova Vera V. ; [Lieu de soutenance : Université d'État de Moscou Lomonosov]. - – M., 2012. - – 175 c.

6. Bagramova, N.V. Formation linguistique d'un spécialiste moderne (en russe) // Problèmes de la philologie et de la linguistique modernes : Collection d'ouvrages scientifiques (en russe) / édité par N.V. Bagramova,

H. Yu Zaitseva, AE Krasnova. - Saint-Pétersbourg : publié dans Herzen Russian State Pedagogical University, 2009. - Ep. 3. - – C. 119-125.

7. Bagramova, N.V. Concept de l'enseignement des langues étrangères dans une université non linguistique (en russe) // Problèmes de la philologie et de la linguistique modernes : Collection d'articles scientifiques / édité par N.V. Bagramova, A.E. Krasnov, L.V. Panteleeva. - Saint-Pétersbourg : publié dans Herzen Russian State Pedagogical University, 2010. - Numéro de l'Université pédagogique d'État russe de Herzen, 2010. 4. - – C. 131-135.

8. Bagramova, N.V., Odintsova, Yu. V. Increase of efficiency of teaching foreign languages in non-linguistic higher education institutions (in Russian) // Problems of modern philology and linguistics : Collection of scientific papers / édité par N.V. Bagramova, Yu. A. Komarova, E.A. Krasnov. - Saint-Pétersbourg : Maison d'édition de l'Université pédagogique d'État russe A.I. Herzen, 2008. - Publié dans Herzen Russian State Pedagogical University, 2008. 2. - – C. 76-83.

9. Belikova, E.O. Information and communication technologies role in formation of the students intercultural competence (in Russian) // Vestnik of Volgograd State University. Université d'État de Volgograd, série 6. - – 2011-2012. - Vestnik de l'université d'État de Volgograd. 13. - – C. 50-54.

10. Bergelson, M.B. Aspects linguistiques de la communication virtuelle (en russe) // Vestnik de l'université de Moscou. Série 19. Linguistique et communication interculturelle. - – 2002. - – № 1. - – C. 55-67.

Boldyreva, T.V. La compétence socioculturelle comme lien entre la communication en langue étrangère et la compétence interculturelle dans l'enseignement des langues étrangères (en russe) // Vestnik de l'Université d'État de Bouriate. - – 2011. - – № 15. - – C. 100-105.

Déclaration de Bologne : Espace européen de l'enseignement supérieur : [déclaration internationale. Adoptée à la conférence des ministres de l'Europe à Bologne le 19 juin. 1999 г.].

13. Brighton, K., Rudenko, N.S. Evaluation de la compétence de communication interculturelle (en russe) // L'éducation pédagogique en Russie. - – 2013. - – № 1. - – C. 207-214.

14. Bunyatova, F.D. Particularités de la communication interculturelle à l'époque des technologies de l'information (en russe) // Les technologies de l'information et de la communication dans l'enseignement des langues étrangères et la communication interculturelle : Collection d'articles II de la Conf. scientifique et pratique internationale / édité par A.L. Nazarenko. - Moscou, Université d'État de Moscou, 7-8 juin 2006 - C. A. L. Nazarenko. 329-333.

15. Bystray, E.B. Approche partisane interculturelle comme stratégie théorique-méthodologique de formation de la compétence pédagogique interculturelle (en russe) // Vestnik de l'Université d'État d'Orenbourg. - – 2003. - – № 6. - – C. 78-83.

16. Vasilieva, G.M., Kharchenkova, L.I. Les orientations fondamentales de la formation de la compétence interculturelle des étudiants des spécialités humanitaires (en russe) // Revue pédagogique. - – 2012. - – № 2-3. - – C. 51-63.

17. Vereshchagin, E. M., Kostomarov, V. G. Language and Culture : Linguistics in teaching Russian as a foreign language. - 4e édition, pererab. i dop. - M. : Rus. yaz. 1990 (Bibliothèque d'un professeur de russe langue étrangère). - – 246 c.

18. Volkova, E.V. Particularités de la formation de la compétence interculturelle des étudiants de l'université humanitaire (en russe) // Izvestia de l'Université pédagogique d'État russe A.I. Herzen. - – 2009. - – № 109. - – C. 88-92.

19. Volkova, E. V. Formation de la compétence interculturelle au moyen des technologies interactives dans la communauté des clubs d'orientation linguistique : Résumé des ... Candidat en Sciences Pédagogiques : 13.00.05 / Elena Volkova ; [Lieu de protection : unité humanitaire des syndicats de Saint-Pétersbourg]. - St.-Pétersbourg, 2013. - – 26 c.

20. Vyhovanets, O.D. Educational migration as a part of migration policy of Russia [Electron resource] // Demoscope Weekly, version électronique du bulletin Population et société, Institut de démographie de l'université d'État "École supérieure d'économie". - – 2009. - – № 174 387-388. - – C. 1-13. - URL : http://www.fms.gov.ru/about/science/science_session/forth/vih.pdf (date de l'adresse : 19.01.2015).

21. Galskova, N.D. Méthodes modernes d'enseignement des langues étrangères. Manuel pour les enseignants. - MOSCOU : ARCTIQUE, 2000. - – 165 c. - (Méthode. bib-ka).

22. Galskova, N.D. Apprentissage interculturel : problème des objectifs et des contenus de l'enseignement des langues étrangères (en russe) // Langues étrangères à l'école. - – 2004. - – № 1. - – C. 3-8.

23. Galskova, N.D. L'enseignement des langues étrangères : nouveaux défis et priorités (en russe) // Les langues étrangères à l'école. - – 2008. - – № 5. - – C. 2-7.

24. Galskova, ND. La théorie de l'enseignement des langues étrangères. Linguodidactique et méthodes : manuel pour les étudiants des établissements d'enseignement supérieur / N.D. Galskova, N.I. Gez. - 7e éd., ster. - Moscou : Centre d'édition "Académie", 2013. - – 336 c.

25. Gerasimova, I.G. Structure de la compétence interculturelle (en russe) // Izvestia Herzen Université pédagogique d'État de Russie. - – 2008. - – № 67. - – C. 59-62.

26. Gerasimova, I.G. Formation de la compétence interculturelle des étudiants des spécialités géologiques dans le processus de formation professionnelle en anglais : dis. Cand. ped. des sciences : 13.00.02 / Irina Gerasimova ; [Lieu de protection : Université d'État de Saint-Pétersbourg]. - Saint-Pétersbourg, 2010. - – 229 c.

27. Golovleva, E.L. Les bases de la communication interculturelle : Manuel / E.L. Golovleva. - Rostov n/a : Phoenix, 2008. - – 224 c. - Phoenix, 2008. 224 p. (Enseignement supérieur).

28. Golub, G.B., Fishman, I.S., Fishman, L.I. Normes de troisième génération : ce qu'il faut enseigner et ce qu'il faut vérifier à la sortie (en russe). - – 2010. - – № 3. - – 102-114.

29. Grushevitskaya, TG, Popkov VD, Sadohin A. P. Basics of intercultural communication : Textbook for universities / Edité par A. P. Sadohin. - MOSCOU : UNITY DANA, 2003. - – 352 c.

30. Davydkina, E.E. Some features of the technology of the students' intercultural competence testing (in Russian) // Vestnik of Tambov University. Série : Sciences humaines. - – 2009. - E. Vestnik. 10 (78). - – C. 259-263.

31. Dengina, N.O. To the question of using the information technologies in teaching students English (in Russian) // Problems of modern philology and linguistics : Collection of scientific works (in Russian) / édité par N.V. Bagramova, N.Yu. Zaitseva, A.E. Krasnov. - Saint-Pétersbourg : publié dans Herzen Russian State Pedagogical University, 2009. - Op. 3. - – C. 147-151.

32. Jandar, B.M. Formation de la compétence interculturelle dans la formation professionnelle du professeur de langues étrangères (en russe) // Bulletin de l'Université d'Etat d'Adygeya. Série 3 : Pédagogie et psychologie. - – 2009. - – № 4 (51). - – C. 166-170.

33. Digina, O.L. Formation à la communication interculturelle des étudiants des universités humanitaires : Sur l'exemple de l'étude des langues étrangères : Dis. Candidat des sciences : 13.00.08 / Digina Olga Leonidovna ; [Lieu de la défense : Université d'État de Magnitogorsk du nom de G.I. Nosov]. - Magnitogorsk, 2005. - – 168 c.

34. Dikova, E. S. Méthodologie de formation de la compétence communicative professionnelle interculturelle des étudiants sur le matériel des textes publicitaires : langue allemande, université non linguistique : dis...

Candidat en sciences : 13.00.02 / Dikova Elena Sergeevna ; [Lieu de soutenance : Bouriate, Université d'État]. - Irkoutsk, 2010. - – 216 c.

35. Dikova, E.S. Contenu et structure de la compétence communicative professionnelle interculturelle des étudiants des universités techniques (en russe) // Sciences philologiques. Les questions de la théorie et de la pratique. - Tambov : Gramota, 2013. - – № 2 (20). - – C. 65-69.

36. Dobkin de Rios, M., Rakovsky, T. Medical anthropology as a scientific direction in Russia and in the West [Electron resource] / M. Dobkin de Rios, T. Rakovsky // Anthropologie médicale et bioéthique. - – 2012. - Op. 3. - – 7 c. - URL : http://jmaib2.iea.ras.ru/ru/sience/item/127-meditsinskaya-antropologiya-kak-nauchnoe-napravlenie-v-rossii-i-na-zapade (date de l'adresse : 04.08.2014).

37. Donetskaya, O.I. Corrélation des concepts "compétence interculturelle" et "compétence en matière de traduction" // Deutschland und Russland im wissenschaftlichen Dialog. - Berlin : Frank & Timme, 2012. - – C. 181-189.

38. Yevtyugina, A.A. Formation de la compétence interculturelle d'un spécialiste en économie (en russe) / A.A. Yevtyugina // Dialogue scientifique. - – 2013. - N° 8 (20) : Pédagogie. - – C. 65-74.

39. Elizarova, G. V. Formation de la compétence interculturelle des étudiants dans le processus d'enseignement de la communication en langue étrangère : Diss. ... docteur en sciences : 13.00.02 / Elizarova, Galina Vasilievna ; [Lieu de protection : Université pédagogique d'État de Saint-Pétersbourg, nommée d'après A.N. Herzen]. - Saint-Pétersbourg, 2001. - – 371 c.

40. Elizarova, GV Culture et apprentissage des langues. - SPb. : Karo, 2005. - – 352 c.

41. Yermolaev, O.Yu. Mathematical statistics for psychologists : Textbook / O.Yu. - 2e éd., pp. -Institut psychologique et social de Moscou, FLINTA, 2003. - – 336 c. - (Bibliothèque du psychologue).

42. Zheltova, E.P. Développement de la compétence interculturelle des étudiants des universités techniques dans le processus d'étude des langues étrangères : Diss. Cand. ped. des sciences : 13.00.08 / Elena Petrovna Zheltova ; [Lieu de protection : Université d'État de Magnitogorsk du nom de G.I. Nosov]. - Magnitogorsk, 2005. - – 228 c.

43. Zabrovskiy, A.P. Regional aspects of intercultural communication and medicine interaction (en russe) // Vestnik de l'Université de Moscou. Série 19. Linguistique et communication interculturelle. - – 2012. - – № 3. - – C. 127-134.

44. Zabrovskiy, A.P. Regional aspects of intercultural communication and medicine interaction [Ressource électronique] // E-journal "Russie et Occident : Dialogue des cultures". - – 2013. - – № 2. - – 7 c. - URL : http://www. études régionales. ru/journal/homejornal/rubric/2012-11-02-22-11-32/270-q-q.html (date d'adresse : 19.01.2015).

45. Winter, EA Psychologie de l'enseignement des langues étrangères à l'école. - Moscou : Lumières, 1991. - – 222 c. - (B-ca professeurs de langues étrangères. Yaz.).

46. Winter, I.A. Key competencies as an effective and goal-oriented basis of the competence approach in education. Version de l'auteur. - Moscou : Centre de recherche sur les problèmes de qualité dans la formation des spécialistes, 2004. - – 39 c.

47. Winter, I.A. Psychologie pédagogique : Ucheb. pour les universités / I.A. Winter. - 3ème édition, révision. - Moscou : MPSI ; Voronej : MODEC, 2010. - – 448 c.

48. Winter, I.A., Lapteva, M.D., Mazaeva, I.A., Morozova, N.A. Programme de formation à l'innovation dans la discipline universitaire : expérience de conception / Sous la direction scientifique du Dr. RAO I.A. Zimney. - Moscou : Centre de recherche sur les problèmes de qualité de la formation des spécialistes, 2008. - – 112 c.

49. Ziyatdinova, Yu. N., Valeeva, R.S. (a) Analyse des approches du développement d'une compétence communicative interculturelle d'un étudiant d'université technique en Russie et en Chine (en russe) // Messager de l'Université technologique de Kazan. - – 2010. - – № 12. - – C. 155-158.

50. Ziyatdinova, Yu.N., Volkova, E.V. (b) Analyse comparative de l'étude sur la compétence communicative interculturelle en Russie et à l'étranger (en russe) // Vestnik de l'Université technologique de Kazan. - – 2010. - – № 12.– C. 159-163.

51. Zubov, A.V. Méthodologie d'application des technologies de l'information à l'enseignement des langues étrangères : Manuel pour les étudiants des établissements d'enseignement supérieur / A.V. Zubov, I.I. Zubova. - Moscou : Centre d'édition universitaire, 2009. - – 144 c.

52. Measuring the Information Society : 2011 [Ressource électronique]. - Union internationale des télécommunications, 2011. - – 26 c. - URL : http://www.itu.int/ITUD/ict/publications/idi/material/2011/MIS2011-ExecSum-R. pdf (date d'adresse : 19.01.2015).

53. The Art of Living with Dissimilarity : Psychotechnology of Tolerance / édité par A. G. Asmolova, G. U. Soldatova, AV Makarchuk. - Moscou : Maison d'édition "Moskovia", 2009. - – 312 c.

54. Kazakova, O.P. Stades de formation de la compétence interculturelle des étudiants de l'université pédagogique // L'enseignement pédagogique en Russie. - – 2012. - Op. 3. - – C. 234-237.

55. Karakulova, E. N. Research of the concept of intercultural competence [Electronic resource] // Actes de la conférence scientifique-pratique à participation internationale, consacrée au XXe anniversaire de l'Institut de pédagogie, de psychologie et de technologies sociales de l'Université d'État d'Oudmourtie "Éducation et sécurité : aspects sociaux, pédagogiques et psychologiques", Ijevsk, 14-16 novembre 2012. - – 2012. - – 5 c. - URL :

http://edusafe.conf.udsu.ru/files/1299426747.doc   (date   de   l'adresse   :
19.01.2015).

56. Karnyshev, A.D. Personnalité et compétence interculturelle (en russe)
// Psychologie en économie et gestion. - – 2009. - – № 2. - – C. 99-106.

57. 57. Korzennikova, I.N. Se concentrer sur l'activité future en tant que
composante de la formation de la compétence interculturelle (en russe) //
Personne et éducation. - – 2011. - – № 3 (28). - – C. 161-164.

58. Kirilenko, E. I. Phénomène de la médecine dans l'horizon de la culture :
bases théoriques de l'analyse et spécification ethnoculturelle. - Tomsk : IOA SB
RAS Publishing House, 2008. - – 330 c.

59. Kovalchuk, M.A. Discussion as a means of teaching the foreign
language communication : Methodical manual for the foreign language teachers
(in Russian) / M.A. Kovalchuk. - Moscou : École supérieure ; Centre
scientifique-éducatif "École de Kitaygorodskaya", 2008. - – 144 c.

60. Kokkota, VA Linguodidactic Testing : Scientific Theoretical Manual.
- Moscou : Vysh. shk., 1989. - – 127 c. - (enseignants B-ca).

61. Kolesnik, N. V., Robustova, V. V. Workshop on intercultural
communication using information and communication technologies (ICT) //
Actes de la VIIIe Conférence internationale de la Société nationale de
linguistique appliquée "Les langues dans le monde moderne - 2009", Kolomna,
28-31 mai 2009. - Moscou : Maison du livre de l'Université, 2009. - – C. 325-
332.

62. Korneeva, L.I. La compétence interculturelle comme condition de
réussite de l'activité professionnelle des managers russes (en russe) // Vestnik
USTU - UPI. - – 2004. - – № 10. - – C. 54-61.

63. Court, Yu.Yu. Compétence interculturelle des lycéens suite à l'étude
des cultures indigènes et étrangères (en russe) // Vestnik de l'Université d'État de
Novgorod. - – 2008. - – № 48. - – C. 25-28.

64. Kramarenko, N.O. Communicative competence of student philologist [Electron resource] // Revue électronique scientifique et pédagogique de l'Université pédagogique d'Etat de Volgograd "Frontières de la connaissance". - – 2009. - – № 1 (2). - – C. 98-113. - URL : http://grani.vspu.ru/files/publics/27_pub.pdf (date de l'adresse : 19.01.2015).

65. 65. Kuzmina, N.V. Méthodes de recherche de l'activité pédagogique. - Maison d'édition de l'Université de Leningrad. - – 1970. - – 114 c.

66. Assimilateur culturel. Training of adaptation to life in St. Petersburg / édité par R.K. Tanglycheva, N.A. Golovin - St. Petersburg : Petropolis Publishing House, 2009. - – 400 c.

67. Ladisov, A.I., Mosunova, N.I. Formation de compétences interlinguistiques et interculturelles chez les étudiants-traducteurs (en russe) // Technologies éducatives innovantes. - – 2010. - – № 3. - – C. 30-38.

68. Ladyzhnikova, T.D. Approches de la formation de la compétence interculturelle (en russe) // Problèmes de la philologie moderne et de la linguistique : Collection de travaux scientifiques (en russe) / édité par N.V. Bagramova, U.A. Komarova, E.A. Krasnov. - Saint-Pétersbourg : Maison d'édition de l'Université pédagogique d'État russe A.I. Herzen, 2008. - Publié dans Herzen Russian State Pedagogical University, 2008. 2. - – C. 116-122.

69. 69. Leibman, I.Ya. A propos du principe de construction et de la possibilité d'utiliser le questionnaire de développement interculturel proposé par l'Institut de communication interculturelle // Ethno-psychologie : questions de théorie et de pratique. - – 2010. - Op. 3. - – C. 58-66.

70. Leontovich, O.A. Problems of the virtual communication [Electron resource] // Polémique. - Conseil international de la recherche et des échanges, 2001. - – № 7. - URL : http://www.irex.ru/publications/polemika/7/leontovich.htm (date de l'adresse : 19.01.2015).

71. Leontovich, O.A. Théorie de la communication interculturelle en Russie : état et perspectives (en russe). - – 2002. - Vestnik de l'Association russe de communication. 2002. 1. - – C. 63-67.

72. Leontovich, O.A. Russie et Etats-Unis. Introduction à la communication interculturelle : Manuel. - Volgograd : Le changement, 2003. - – 399 c.

73. Leontovich, O. A. Introduction à la communication interculturelle : Manuel. - Moscou : Gnosis, 2007. - – 368 c.

74. Livingstone C. Jeux de rôle dans l'apprentissage des langues étrangères = Livingstone C. Jeu de rôle dans l'apprentissage des langues / Introduction et annexe N.I.Gez. - M. : Supreme Shk. 1988. - – 127 c. - (enseignants B-ca). - En anglais.

75. Lyutova, S.N. Bases de psychologie et de compétence communicative : cours magistral / S.N. Lyutova. Moscou. in-t. Relations (un.) Ministère des affaires étrangères de Russie, Philosophie caf. - Moscou : Institut d'État des relations internationales de Moscou (MGIMO-Université), 2007. - – 268 c.

76. Lyakhovitskiy, M.V. À propos de l'essence et de la spécificité de la recherche expérimentale sur la méthodologie de l'enseignement des langues étrangères (en russe) // Les langues étrangères à l'école. - – 1969. - – № 4. - – C. 23-30.

77. Matveeva, N. A. A la question de l'amplification du concept de "compétence interculturelle des traducteurs" dans l'histoire de la pédagogie // Matériaux de la conférence internationale scientifique-pratique "L'environnement de la socialisation et de la formation professionnelle de la jeunesse étudiante dans les conditions de la modernisation de l'éducation au Kazakhstan", République du Kazakhstan, Kostanai, 10 avril 2013. - – 2013. - – C. 278-282.

78. Matukhin, D.L. Enseignement professionnel d'une langue étrangère aux étudiants de spécialités non linguistiques (en russe) // Langue et culture. - – 2011. - – № 2. - – C. 121-129.

79. Méthodes d'enseignement des langues étrangères dans les écoles secondaires : Uchebnik / Gez N.I., Lyakhovitskiy M.V., Mirolyubov A.A. et autres. - Moscou : École supérieure, 1982. - – 373 c.

80. Méthodes d'enseignement des langues étrangères : traditions et modernité / édité par AA Mirolyubov. - Obninsk : Titre, 2012. - – 464 c.

81. Milrud, R.P. Compétence dans l'apprentissage des langues (en russe) // Langues étrangères à l'école. - – 2004. - – № 7. - – C. 30-36.

82. 82. Minyar-Beloruchev, R.K. Méthode d'enseignement du français : Manuel pour les étudiants de l'in-tov. pédagogique spécial "Langue étrangère. - Moscou : Lumières, 1990. - – 224 c.

83. Mitrofanova, K. A. Contenu de la discipline "Communication interculturelle" pour la formation des futurs travailleurs sociaux et spécialistes dans le domaine de la santé // Actes de la conférence scientifique et pratique interrégionale "Perspectives d'intégration de l'éducation médicale, sociale et humanitaire", 25-26 janvier 2012, Académie d'Etat de médecine de l'Oural, Ekaterinbourg. - – 2012. - – C. 68-70.

84. Michael, D.V. Hazel Weidmann and the emergence of medical anthropology in the USA (to the fiftieth anniversary of the society of medical anthropology) [Ressource électronique] // Anthropologie médicale et bioéthique. - – 2012. - Op. 4. - – 7 c. - URL : http://jmaib.iea.ras.ru/ru/practice/stories/item/179-khezel-vejdman-i-vozniknovenie-meditsinskojantropologii-v-ssha-k-pyatidesyatiletiyu-obrazovaniya-obshchestva-meditsinskoj-antropologii (date de l'adresse : 04.08.2014).

85. Michel, D.V., Kharitonova, V.I. Medical anthropology as a university discipline in Russia [Electron resource] // Medinskaja antropology and bioethics.

- – 2012. - Vp. 4. - – 8 c. - URL : http://jmaib2.iea. ras. ru/ru/education/interview/item/169-meditsinskaya-antropologiya-kakvuzovskaya-distsiplina-v-rossii (date d'adresse : 04.08.2014).

86. Miftakhutdinova, T.V. Particularités de la formation professionnelle aux compétences interculturelles des étudiants universitaires dans le cadre des disciplines humanitaires générales (en russe) // Recherches fondamentales. - – 2012. - – № 11 (4). - – C. 874-877.

87. Mishlanova, S.L., Permyakova, T.M. Intercultural paradigm and prospects of the intercultural communication (en russe) // Stéréotypes et créativité dans le texte. Collection interuniversitaire des sciences - Perm, 2005. - – C. 340-350.

88. Myasoedov, S.P., Kolesnikova, I.V., Borisova, L.G. Russian business culture : impact on the management model : Textbook / S.P. Myasoedov, I.V. Kolesnikova, L.G. Borisova. - Moscou : Maison d'édition "Case" ANKh, 2009. - – 92 c. - (Ser. "Innovations éducatives").

89. Nazarenko, A.L. Problèmes d'optimisation de la compréhension et de l'enseignement des langues à des fins spécifiques. - Izd. 2e, pp. - Moscou : LIBROKOM Book House, 2009. - – 128 c.

90. Nazarenko, A.L. Technologies de l'information et de la communication dans le domaine de la linguistique et de la didactique : enseignement à distance : Manuel / A.L. Nazarenko. - Moscou : Maison d'édition de l'Université de Moscou, 2013. - – 271 c.

91. Nazarenko, A.L., Dugartsirenova, V.A. Distance learning of foreign languages : principles, advantages and problems // Vestnik de l'Université de Moscou. Série 19. Linguistique et communication interculturelle. - – 2005. - – № 1. - – C. 71-76.

92. Nazirova, A.S. Intercultural competence as a substantial problem of students' readiness for intercultural communication (en russe) // Vestnik of Chuvash University. - – 2012. - – № 2. - – C. 240-245.

93. Narolina, V.I. Intercultural communicative competence as an integrative ability of intercultural communication of a specialist [Electron resource] // Revue électronique "Psychological science and education". - – 2010. - – № 2. - – C. 1-13. - URL : http://psyedu.ru/journal/2010/2/Narolina.phtml (date de l'adresse : 19.01.2015).

94. Nizovtseva, T.R., Rumyantseva, T.V. Cross-cultural differences in the patient's perception by students of medical university (in Russian) // Vestnik of Russian University of Peoples' Friendship. Série "Psychologie et pédagogie". - – 2013. - – № 3. - – C. 85-90.

95. Nikolaeva, L.A. Intercultural competence as a factor of successful intercultural interaction of students (en russe) // Bulletin de l'Université d'État de Kemerovo. - – 2013. - VESTNIK OF KEMEROVO STATE UNIVERSITY. 2013. № 2 (54), VOL. 2. - P. 233-238.

96. Novikova, L.A. Développement de la compétence interculturelle des étudiants de l'université pédagogique sur la base de l'utilisation des technologies de télécommunication : CD. Cand. ped. des sciences : 13.00.08 / Ludmila Anatolievna Novikova ; [Lieu de protection : Université pédagogique d'État d'Omsk]. - Omsk, 2007. - – 226 c.

97. Tendances principales du développement de l'enseignement supérieur : changements mondiaux et de Bologne (en russe) / Sous la direction scientifique du professeur V.I.Baidenko. - Moscou : Centre de recherche sur les problèmes de qualité dans la formation professionnelle, 2010. - – 352 c.

98. Panteleeva, L.V. Utilisation des ressources électroniques dans le processus de contrôle de l'apprentissage des étudiants (en russe) // Problèmes de la philologie et de la linguistique modernes : Collection de travaux scientifiques (en russe) / édité par N.V. Bagramova, A.E. Krasnova, A.V. Lomagin. - Saint-Pétersbourg : publié dans Herzen Russian State Pedagogical University, 2012. - Ep. 5. - – C. 110-117.

99. Passov, E.I. Méthodologie : méthodes empiriques de recherche. - Kn. 2 - Yelets : MUE "Typographie" Yelets, 2010. - – 647 c.

100. Passov, E. I. Methodology of methodology : theoretical methods of research. - Kn. 3 - Yelets : MUE "Typographie" Yelets, 2011. - – 634 c.

101. Passov, E. I. (a) Théorie de la méthodologie : principes de l'enseignement des langues étrangères. - Livre 6 - Yelets : MUE "Typographie", Yelets, 2013. - – 603 c.

102. Passov, E. I. (b) Theory of Methodology : Purpose and Content of Foreign-Language Education. - Livre 5 - Yelets : MUE "Typographie", Yelets, 2013. - – 452 c.

103. Technologies pédagogiques de l'enseignement à distance : Manuel pour les étudiants des établissements d'enseignement supérieur / [E.S. Polat, M.V. Moiseeva, A.E. Petrova, etc.] ; sous édition de E.S. Polat. - 2e édition, Ster. - Moscou : Centre d'édition universitaire, 2008. - – 400 c.

104. Peyer, L. Médecine et culture. How to treat in the USA, England, West Germany and France / Lynn Peyer ; [per. from A. B. Gonchar] / edited by E. I. Kirilenko. - Tomsk : Université d'État de médecine de Sibérie, 2012. - – 240 c.

105. Pekić Kuarri, S. L'évaluation des collègues par les étudiants est un outil qui permet aux étudiants de maîtriser avec succès des compétences spéciales et de base : en prenant l'exemple de l'enseignement de la botanique à la faculté d'agriculture de l'université de Belgrade // Programmes et méthodes de l'enseignement supérieur. - Moscou : Groupe d'édition Logos, 2007. - – C. 1-14.

106. Persikova, T.N. Communication interculturelle et culture d'entreprise : Manuel de formation. - Moscou : Logos, 2008. - – 224 c.

107. Plekhanova, M. V. Formation de la compétence interculturelle basée sur l'utilisation de matériel vidéo authentique dans l'enseignement de la communication en langue étrangère des étudiants des universités techniques (allemand, cours de base) : CD. ... Candidat aux sciences : 13.00.02 / Marina V.

Plekhanova ; [Lieu de la défense : Tomsk. unité polytechnique t]. - Tomsk, 2006. - – 228 c.

108. Player, I.L. Formation de la compétence communicative interculturelle des étudiants de profil humanitaire dans le cadre de la formation professionnelle : Diss. Cand. ped. des sciences : 13.00.01 / Plozhnik, Irina Lenarovna ; [Lieu de la défense : Université d'État de Tioumen]. - Tyumen, 2003. - – 335 c.

109. Polyakhtova, S.V. Développement d'une compétence interculturelle du spécialiste du profil économique (en russe) // Bulletin pédagogique Yaroslavl. - – 2013. - – № 1. - Volume II (Sciences psychologiques et pédagogiques). - – C. 175-179.

110. Porechenkova, E.A. Développement de la compétence philologique dans le système école-université et les moyens de son contrôle : CD. Cand. des sciences : 13.00.02 / Ekaterina Porechenkova ; [Lieu de la défense : Université d'État de Moscou Lomonosov]. - – M. : 2009. - – 193 c.

111. Pochebut, L.G. (a) Théorie de la compétence communicative interculturelle (en russe) // Naukovi pracyi. Sociologie. - – 2012. - Vypus 172. Volume 184. - – C. 14-18.

112. Pochebut, L.G. (b) Theory of intercultural communicative competence : empirical confirmation // Ananyevskie readings - 2012. Psychologie de l'éducation dans le monde moderne : Actes de la conférence scientifique, 16-18 octobre 2012 / édité par N.V. Bordovskaya. - Saint-Pétersbourg : Maison d'édition de l'Université de Saint-Pétersbourg, 2012. - – 512 c. - – C. 61-63.

113. Workshop on psychodiagnostics and research of personality tolerance / édité par G.U. Soldatova, L.A. Shigerova. - M. : MGU, 2003. - – C. 30-34.

114. Education Development for 2013-2020 : [State Program of the Russian Federation : Approved by the Resolution of the Russian Federation of

May 15, 2013 № 792-r] [Electronic resource] // Site du Ministère de l'Education et des Sciences de la Fédération de Russie. - URL : http://минобрнауки.рф/документы/3409/файл/2228/13.05.15-Госпрограмма-Развитие_образования_2013-2020.pdf (date de l'adresse : 19.01.2015).

115. Razdrobova, M.N. Compétence communicative interculturelle des étudiants dans les conditions de modernisation de l'enseignement professionnel (en russe) // Izvestia de l'Université de Saratov. Philosophie. Psychologie. Série "Pédagogie". - – 2008. - P. 8. 2008. 2. - – C. 121-123.

116. Mouth, Y. Communication interculturelle. Théorie et formation : Manuel pédagogique et méthodique / Yu. Roth, G.Kopteltseva. - MOSCOU : UNITY DANA, 2006. - – 223 c.

117. Roth, Yu, Kopteltseva, G. Meetings on the brink of cultures : Games and exercises for intercultural learning. - Kaluga : "Poligraf-Inform", 2001. - – 188 c.

118. Rudenko, T.O. Particularités du processus de formation de la compétence interculturelle des étudiants des spécialités non linguistiques dans la région de Kaliningrad (en russe) // Vestnik de l'Université d'État russe de Kant. - – 2010. - Vestnik de l'Université d'État russe nommée d'après I. Kant. 2010. 2. - – C. 75-78.

119. Rybakova, A.A. Essence des concepts de "compétence" et de "compétence" : de la mesure quantitative au remplissage qualitatif (en russe) // Bulletin de l'Université d'État de Stavropol. - – 2009. - – № 61. - – C. 51-57.

120. Sadokhin, A.P. Intercultural competence : concept, structure, ways of formation (en russe) // Journal of Sociology and Social Anthropology. - – 2007. - Volume X, ¹ 1. - – C. 125-139.

121. Sadohin, AP Introduction à la théorie de la communication interculturelle : un manuel de formation. - Moscou : Alpha-M ; INFRA-M, 2009. - – 288 c.

122. Safonova, V.V. Étude des langues de communication internationale dans le cadre du dialogue des cultures et des civilisations. - Voronej : ISTOKI, 1996. - – 237 c.

123. Safonova, V.V. Problems of sociocultural education in language pedagogy (en russe) // Cultural aspects of language education : a collection of scientific works (en russe) / édité par V.V. Kulturovstvennye Prospektov. Safonova, V.V. (en russe) // Cultural aspects of language education : a collection of scientific works / édité par V.Safonova. - Moscou : Euroschool, 1998. - – C. 27-35.

124. Safonova, V.V. Étude des langues et des cultures dans le miroir des tendances mondiales du développement de l'enseignement des langues modernes (en russe) // Langue et culture. - – 2014. - – № 1 (25). - – C. 123-141.

125. Solovova, E.N. Méthodologie de l'enseignement des langues étrangères : cours avancé : un manuel pour les étudiants et les enseignants / E.N. Solovova. - Moscou : AST : Astrel, 2008. - – 272 c.

126. Stefanenko, T.G. Ethnopsychologie : travaux pratiques : manuel pour les étudiants des établissements d'enseignement supérieur / T.G. Stefanenko. - Moscou : Aspect Press, 2008. - – 208 c.

127. Stefanenko, T.G. Ethnopsychologie : Manuel pour les écoles secondaires / T.G. Stefanenko. - 4th ed., pp. and dop - Moscou : Aspect Press, 2009. - – 368 c.

128. Sysoev, P.V. Technologies de l'information et de la communication dans l'éducation linguistique : manuel. - Moscou : LIBRICOM Book House, 2013. - – 264 c.

129. Taratukhina, Yu.V. Collection de travaux pratiques et de cas sur le cours "Business et communication interculturelle" : manuel académique / Yu. - Minsk : Ecoperspective, 2012. - – 210 c.

130. Taratukhina, Yu. V., Chernyak, N. V. (a) Signification de l'approche différentielle de l'interaction avec des représentants de différentes cultures pour

les développements de la didactique interculturelle // Enseignement ouvert et à distance. - – 2013. - – № 2. - – C. 54-67.

131. Taratukhina, Yu. V., Chernyak, N. V. (b) Some discursive and psychological and pedagogical aspects of adaptation in the foreign cultural educational environment : offline and online context // Problems of studying and teaching Russian language and literature : Herald of the Faculty of Russian Language and Literature of the University of Chinese Culture / édité par Li Xi-mei, O. Moskovskiy. V. - Université de la culture chinoise, Taipei, 2013. - Op. 14 – C. 163-174.

132. Danse, T.A. Compétence interculturelle et communicative comme éléments de formation de la compétence professionnelle du futur spécialiste // Science et Modernité - 2011 :

Actes de la Xe Conférence internationale scientifique et pratique - Partie 1. - Novossibirsk : "Université d'État de Novossibirsk" Maison d'édition, 2011. - – C. 256-260.

133. Ter-Minasova, S.G. Language and intercultural communication : (Textbook) - M. : Slovo/Slovo, 2008. - – 264 c.

134. Ter-Minasova, S.G. Cours général "Langue et communication interculturelle" // Collection d'ouvrages scientifiques et méthodologiques / sous la direction générale du Prof. M.G. Baktiosina. - – 2009. - Question. 6. - Moscou : Livre universitaire, 2009. - – C. 143-147.

135. Ter-Minasova, SG Notre faculté a 25 ans ! // Herald de l'Université de Moscou. Série 19. Linguistique et communication interculturelle. - – 2013. - – № 3. - – C. 7-19.

136. Terekhova, T.A., Bolshakov, O.B. Domestic conceptual models of the intercultural competence (en russe) // Psychology in economics and management. - – 2011. - – № 1. - – C. 93-105.

137. Titova, D.Yu. Développement de la compétence interculturelle des futurs managers au moyen de technologies interactives (par l'exemple du jeu

"Construire un pont") // Bulletin de l'Académie Pédagogique de la Baltique. - –
2010. - Vestnik de l'Académie pédagogique de la Baltique. 2010. 95. - – C. 105-
108.

138. Titova, S.V. Les technologies de l'information et de la
communication dans l'éducation humanitaire : théorie et pratique. Manuel
destiné aux étudiants de premier et de troisième cycle des facultés de langues des
universités et des établissements d'enseignement supérieur. - – M. : 2009. - – 240
c.

139. Torubarova, I.I. Potentiel éducatif de la discipline "Langue étrangère"
à l'université de médecine // Vestnik de l'université d'État de Voronej. Série :
Linguistique et communication interculturelle. - – 2011. - – № 2. - – C. 182-186.

140. Torubarova, I.I. Développement de la capacité d'empathie dans le
processus d'enseignement des langues étrangères à l'université de médecine //
Vestnik de l'université d'État de Voronej. Série : Linguistique et communication
interculturelle. - – 2013. - – № 2. - – C. 224-227.

141. Turchina, I.V. Modeling of the process of formation of the
multicultural competence of the secondary special education institution students
under the new standards (in Russian) // Personne et éducation. - – 2013. - – № 1
(34). - – C. 81-84.

142. Utekhina, A.N. Intercultural didactics : a monograph / A.N.
Utekhina ; sous édition de A.N. Utekhina.

T. E. Green. - M : FLINTA : Science, 2011. - – 280 c. - (Langue et
éducation interculturelle).

143. Ushakova, N.L. Formation de la compétence interculturelle des
étudiants des universités de langues sur la base de textes authentiques (le suédois
comme deuxième langue étrangère) : Diss. ... Candidat aux sciences :

13.00.02 / Ushakova Nina Leonidovna ; [Lieu de la défense : Université
d'État de Saint-Pétersbourg]. - Saint-Pétersbourg, 2010. - – 336 c.

144. Wales, N.N. Communicative competence as a part of successful intercultural communication // Culture, science, education in the modern world : materials of IV International scientific conf. ; edited by L.L. Melnikova [et al.] - Grodno, 2011. - – C. 324-328.

145. 145. Faleeva, N.V. La compétence interculturelle comme élément nécessaire à la formation de la culture humanitaire d'un diplômé d'une université technique // Actes de la conférence internationale scientifique-pratique "Garanties de qualité de l'enseignement professionnel". - Barnaul : Maison d'édition de l'Université technique de l'État de l'Altaï, 2010. - – C. 71-73.

146. Normes éducatives de l'État fédéral en matière d'enseignement professionnel supérieur : base législative et normative de la conception et de la réalisation : Édition d'information sur l'éducation : [Auteur-sost. N. I. Maximov]. - M. : Centre de recherche sur les problèmes de qualité dans la formation professionnelle, Conseil de coordination des associations éducatives et méthodologiques et des conseils scientifiques et méthodologiques de l'enseignement supérieur, 2009. - – 100 c.

147. Norme éducative de l'État fédéral pour l'enseignement professionnel supérieur dans le domaine de la formation (spécialisation) 060101 "Médecine" (qualification (diplôme) "spécialiste"). Ordre du ministère de l'éducation et des sciences de la Fédération de Russie du 08 novembre 2010 № 1118.

148. Norme éducative de l'État fédéral pour l'enseignement professionnel supérieur dans le domaine de la formation (spécialisation) 060103 "Pédiatrie" (qualification (diplôme) "spécialiste"). Ordre du Ministère de l'Education et des Sciences de la Fédération de Russie № 1122 du 08 novembre 2010.

149. Norme éducative de l'État fédéral pour l'enseignement professionnel supérieur dans le domaine de la formation (spécialisation) 060105 "Soins médicaux et préventifs" (qualification (diplôme) "spécialiste"). Ordre du Ministère de l'Education et des Sciences de la Fédération de Russie n° 847 du 12 août 2010.

150. Norme éducative de l'État fédéral pour l'enseignement professionnel supérieur dans le domaine de la formation (spécialité) 060201 "Dentisterie" (qualification (diplôme) "spécialiste"). Ordre du ministère de l'éducation et des sciences de la Fédération de Russie № 16 du 14 janvier 2011.

151. Filonova, V.V. (a) Variabilité des méthodes de détermination du niveau de formation de la compétence interculturelle (en russe) // Vestnik de l'Université humanitaire d'État Sholokhov de Moscou. Pédagogie et psychologie. - – 2013. - – № 2. - – C. 58-61.

152. Filonova, V.V. (b) Composition des composantes des modèles de la compétence interculturelle (en russe) // Vestnik de l'Université de Tambov Série : Sciences humaines. - – 2013. - Episode. 4 (120). - – C. 247-251.

153. Filonova, V.V. (c) Modern approaches to determination of the evaluation criteria and indicators of the level of formation of the intercultural competence components (en russe) // Vestnik of Tambov University. Série : Sciences humaines. - – 2013. - Question. 3 (119). - – C. 64-67.

154. Furmanova, V.P. Communication interculturelle et pragmatisme culturel et linguistique dans la théorie et la pratique de l'enseignement des langues étrangères : Yaz. ...e. Péd. des sciences : 13.00.02 / Valentina P. Furmanova ; [Lieu de protection : Université d'État de Moscou. Lénine ; Université d'État de Mordovie portant le nom de V.I. Lénine ; [Position de la défense : Université d'État de Moscou portant le nom de V.I. Lénine]. NP Ogaryova]. - – M., 1994. - – 475 c.

155. Khaleeva, I. I. Fondements de la théorie de l'enseignement de la compréhension du discours en langue étrangère (formation des traducteurs) : Monogr. - M. : École supérieure, 1989. - – 238 c.

156. Khutorskoi, A. V. Didactique moderne : Manuel pour les établissements d'enseignement supérieur. - Saint-Pétersbourg : Peter, 2001. - – 544 c. - (Manuel de la série New Age).

157. Khukhlayev, O. E. "Cross-cultural intellect" : on the way to the integration of cognitive and social psychological approach to intercultural communication // Ethnopsychology : issues of theory and practice : Collected scientific papers of the Department of Ethnopsychology and Psychological Problems of Multicultural Education of the Faculty of Social Psychology, Moscow State Pedagogical University. - M. : IHPPU, 2010. - Actes du Département d'ethnopsychologie et des problèmes psychologiques de l'éducation multiculturelle de la Faculté de psychologie sociale de l'Université pédagogique d'État de Moscou. 3. - – C. 76-78.

158. Khukhlayev, O.E., Chibisova, M.Yu. Theoretical and practical questions of intercultural communication : modern tendencies [Electron resource] // Revue électronique "Psychological science and education". - – 2010. - – № 5. - – C. 168-179. - URL : http://psyedu.ru/journal/2010/5/Huhlaev_Chibisova.phtml (date de l'adresse : 19.01.2015).

159. Tsvetkova, S.E. Modeling of process of formation of the intercultural communicative competence at students of economic specialities (in Russian) // Vestnik of Novgorod State University. - – 2010. - – № 58. - – C. 54-58.

160. Shatilov, SF Méthodologie de l'enseignement de l'allemand dans le secondaire : manuel pour les élèves de l'école primaire. numéro spécial 2103 "Langue étrangère. - 2e éd., doc. - Moscou : Lumières, 1986. - – 223 c.

161. Shkutina, L.A. ; Zhankina, B.J. Intercultural competence : concept, structure and content (en russe) // Bulletin of Karaganda University. Série "Pédagogie". - – 2012. - – № 3 (67). - – C. 4-10.

162. Straub, Y. Intercultural Competence : Some Theoretical Commentaries and Humanist Perspective // Dialogue des cultures et partenariat des civilisations : Formation de la culture mondiale : X lectures scientifiques internationales du Likhachev, 13-14 mai 2010. T. 1 : Présentations // Editeur

scientifique A. S. Zapesotskyy. - Saint-Pétersbourg. SPbGUP, 2010. - – C. 260-264.

163. Stucke, E.E. Avantages de l'application de la technologie des tests pour l'enseignement et le contrôle de la compétence interculturelle des étudiants (en russe) // Problèmes modernes de l'éducation. - – 2010. - – № 2. - – C. 126-129.

164. Stulman, E.A. Les bases de l'expérience dans la méthode d'enseignement des langues étrangères. - Voronezh : Maison d'édition de l'université de Voronezh. - – 1971. - – 144 c.

165. Schtulman, E.A. Expérience méthodique dans le système des méthodes de recherche. - Voronezh : Maison d'édition de l'université de Voronezh. - – 1976. - – 156 c.

166. Shcherba, LV L'enseignement des langues à l'école : questions générales de méthodologie : manuel pour les étudiants phil. - 3e édition, correcte et complémentaire - Saint-Pétersbourg : Faculté philologique de l'Université d'État de Saint-Pétersbourg ; Moscou : Centre de publication "Académie", 2003. - – 160 c.

167. Shcherba, Yu.V., Elizarova, G.V., Shcherba, O.Yu. Signification de la compétence interculturelle pour l'étude de l'épidémiologie et la fourniture d'une activité professionnelle complémentaire efficace aux étudiants russes et étrangers des écoles supérieures de médecine [Ressource électronique] // Bulletin d'infectiologie et de parasitologie. - – 2005. - URL : http://www.infectology.ru/publik/stat56.aspx (date de l'adresse : 19.01.2015).

L'ÉVALUATION COGNITIVE DE LA COMPÉTENCE INTERCULTURELLE

QUESTIONNAIRE "ÉVALUATION DES POINTS COMMUNS ET DIFFÉRENTS DES DIFFÉRENTES NATIONALITÉS", C'EST-À-DIRE LE LABOUREUR

Instructions : Vous évaluerez l'exactitude des déclarations concernant votre propre culture (partie 1), puis l'exactitude des mêmes déclarations concernant la culture de quelqu'un d'autre (partie 2).

Première partie. Tout d'abord, évaluez l'exactitude des déclarations concernant votre culture d'origine.

	Je ne suis pas d'accord.	Dépêchez-vous. en désaccord	D'une certaine manière. Je suis d'accord, d'une manière	Dépêchez-vous. acceptent de .	Je suis d'accord.
1. Nous avons des points de vue similaires sur de nombreuses questions de vie.					
2. Je ne pense pas que nous ayons les mêmes opinions.					
3. je pense que nous avons une attitude similaire face à la vie.					
4. Je ne pense pas que nous ayons les mêmes valeurs en commun.					
5. Je crois que nous avons un mode de vie similaire.					
6. Je ne pense pas que nous prenions l'humour et les blagues de la même manière.					

7. Je pense que nous résolvons les situations de conflit de la même manière.					
8. Je ne pense pas que nous ayons la même idée de la façon dont... pour qu'une personne se sente bien.					
9. Je crois que nous sommes tout aussi convaincants l'un que l'autre.					
10. Je ne pense pas que nous ayons la même idée de l'épanouissement de l'homme.					

Deuxième partie. Maintenant, évaluez la fidélité des affirmations sur la culture d'autrui. Avant de commencer à remplir le questionnaire, décidez quelle culture vous choisissez pour la comparaison. Inscrivez le nom de la culture dans le titre de la colonne. Vous pouvez choisir n'importe quelle culture qui vous est familière. Vous ne pouvez choisir qu'une seule culture.

	Je ne suis pas d'accord.	Dépêchez-vous. en désaccord	D'une certaine manière. Je suis d'accord, d'une manière	Dépêchez-vous. Je suis d'accord.	Je suis d'accord.
1. Nous avons des points de vue similaires sur de nombreuses questions de vie.					
2. Je ne pense pas que nous ayons les mêmes opinions.					
3. je pense que nous avons une attitude similaire face à la vie.					
4. Je ne pense pas que nous ayons les mêmes valeurs en commun.					
5. Je crois que nous avons un mode de vie similaire.					

6. Je ne pense pas que nous prenions l'humour et les blagues de la même manière.					
7. Je pense que nous résolvons les situations de conflit de la même manière.					
8. Je ne pense pas que nous ayons la même idée de la façon dont... pour qu'une personne se sente bien.					
9. Je crois que nous sommes tout aussi convaincants l'un que l'autre.					
10. Je ne pense pas que nous ayons la même idée de l'épanouissement de l'homme.					

FORMULAIRE D'ENQUÊTE PSYCHOSOCIALE

Instruction *:* Veuillez participer à l'enquête ethnopsychologique, qui est menée dans le cadre de la recherche scientifique sur les cultures ethniques modernes.

Questionnaire

1. Nationalité .

2. Année de naissance

3. Paul .

4. La nationalité de vos parents :

mère ....

père ....

5. Quelle langue avez-vous appris à parler pour la première fois ?

6. Votre langue maternelle.

7. Connaissez-vous les chansons, les danses de votre peuple ? Comment les connaissez-vous ?

8. Citez les fêtes de votre peuple.

9. Observez-vous les coutumes, les rites, les traditions de votre peuple ?

10. Lisez-vous la littérature sur l'histoire et la culture de votre peuple ?

11) Votre maison possède-t-elle des objets matériels de la culture nationale ? (vaisselle, tableaux, vêtements, armes, etc.) Lesquels ? D'où viennent-ils ?

12. Quels sont les plats nationaux que vous avez dans votre famille ?

13. Avez-vous un costume national ?

14. Le portez-vous ?

15. Avec qui vous préférez travailler :

avec les gens de votre peuple ;

avec des personnes de toute autre nationalité ;

une autre réponse (laquelle ?) ....

16. Si on vous donnait le choix du gestionnaire, qui préféreriez-vous ?

l'homme de mon peuple ;

de toute façon ;

une autre réponse (laquelle ?) ....

17. Avec qui préférez-vous être ami ?

avec les gens de son peuple ;

avec des gens de tous les peuples ;

une autre réponse (laquelle ?) ....

18. Que pensez-vous des mariages interethniques ?

C'est positif ;

négatif ;

indifférent.

19. Quel est, à votre avis, l'élément principal de la détermination de la nationalité ?

la langue ;

la conscience de soi ;

un nom propre ;

le lieu de naissance ;

résidence ;

il n'y a aucun lien ;

J'ai du mal à répondre.

20. Dites-moi, en quoi votre peuple (en général) diffère-t-il des autres peuples ?

ÉVALUATION DE LA COMPÉTENCE AFFECTIVE INTERCULTURELLE V.V. QUESTIONNAIRE SUR LA TOLÉRANCE EN MATIÈRE DE COMMUNICATION BOYKO

Instruction : Vous devez répondre à 45 questions réparties en 9 blocs, chacun d'eux reflétant les particularités de votre comportement dans certaines conditions de communication.

	à tort	droit d'une certaine manière	droit de façon considérable	jusqu'au sommet
1. ************************ 1. Les gens lents me tapent généralement sur les nerfs.				
2. Je suis ennuyé par les gens agités et difficiles.				
3. Je ne supporte pas les jeux bruyants des enfants.				
4. Les personnes originales, non standard, ont le plus souvent un effet négatif sur moi.				
5. Une personne impeccable en tout point m'alerterait.				
2. ************************ 1. Je suis généralement déséquilibré par un conversationniste mal informé.				
2. Je suis ennuyé par ceux qui aiment parler.				
3. J'aurais du mal à parler à un compagnon de voyage indifférent dans un train, un avion, s'il prenait l'initiative.				
4. Je serais accablé par les propos d'un compagnon de voyage				

occasionnel, qui m'est inférieur en termes de connaissances et de culture.				
5. Il m'est difficile de trouver un langage commun avec des partenaires d'un niveau intellectuel différent.				
3. *************************				
1. La jeunesse moderne provoque des sentiments désagréables sur leur apparence (cheveux, cosmétiques, vêtements).				
2. Certaines personnes font une impression désagréable par leur manque de culture.				
3. Les représentants de certaines nationalités dans mon entourage ne m'attirent franchement pas.				
4. Il y a un type d'homme (de femme) que je ne supporte pas.				
5. Je déteste les partenaires commerciaux qui ont un faible niveau professionnel.				
4. *************************				
1. Je pense que vous devriez répondre de la même manière à l'impolitesse.				
2. C'est difficile pour moi de me cacher s'il y a quelque chose que je n'aime pas chez un homme.				
3. Je suis ennuyé par les gens qui essaient d'insister sur leur propre opinion dans une dispute.				
4. Je n'aime pas les gens arrogants.				
5. En général, il m'est difficile de m'abstenir de commenter une personne en colère ou nerveuse qui est bousculée dans un transport.				
5. *************************				
1. J'ai l'habitude d'enseigner aux gens qui m'entourent.				
2. Les personnes non formées m'indignent.				
3. Je me surprends souvent à essayer d'élever quelqu'un.				

4. J'ai l'habitude de faire constamment des remarques à quelqu'un.				
5. J'aime commander mes proches.				
6. *************************** 1. Les personnes âgées m'agacent quand elles sont dans les transports publics ou dans les magasins aux heures de pointe.				
2. Vivre dans une chambre d'hôtel avec un étranger est une torture pour moi.				
3. Lorsqu'un partenaire n'est pas d'accord avec quelque chose concernant ma bonne position, cela m'agace généralement.				
4. Je suis impatient d'être objecté.				
5. Cela m'ennuie si un partenaire fait quelque chose de différent de ce que je veux.				
7. *************************** 1. Normalement, j'espère que mes agresseurs obtiennent ce qu'ils méritent.				
2. On me reproche souvent d'être grincheux.				
3. Je me souviens depuis longtemps du mal que m'ont fait ceux que j'apprécie ou que je respecte.				
4. Vous ne pouvez pas pardonner à vos collègues les blagues sans tact.				
5. Si un partenaire commercial blesse involontairement mon ego, je lui en voudrai toujours.				
8. *************************** 1. Je condamne les personnes qui pleurent dans le gilet d'un autre.				
2. En interne, je n'approuve pas mes collègues (amis) qui parlent de leurs maladies quand ils se sentent à l'aise.				
3. J'essaie d'éviter de parler quand quelqu'un commence à se plaindre de sa vie de famille.				

4. Habituellement, j'écoute les confessions de mes amis (petites amies) sans trop y prêter attention.				
5. J'aime parfois énerver certains membres de ma famille ou mes amis.				
9. ************************* 1. Il est généralement difficile pour moi de faire des concessions à mes partenaires.				
2. Il m'est difficile de m'entendre avec des gens qui ont mauvais caractère.				
3. J'ai généralement du mal à m'adapter aux nouveaux partenaires de collaboration.				
4. Je m'abstiens d'entretenir des relations avec quelques personnes étranges.				
5. Le plus souvent, j'insiste sur le mien, même si je comprends que le partenaire a raison.				

L'ÉVALUATION COMPORTEMENTALE DE LA COMPÉTENCE INTERCULTURELLE

MÉTHODE D'AUTO-ÉVALUATION DE LA RÉFLEXION ONTOGÉNÉTIQUE

Instructions : Vous trouverez ci-dessous les questions auxquelles il faut répondre sous la forme "Oui" pour une réponse affirmative, "Non" pour une réponse négative et "Je ne sais pas" si vous avez des doutes sur la réponse.

	Oui, .	Non .	Je ne sais pas.
1. Avez-vous déjà fait une erreur dans votre vie dont vous avez ressenti les conséquences pendant des mois ou des années ?			
2. A-t-il été possible d'éviter cette erreur ?			
3. Devez-vous insister sur votre propre opinion si vous n'êtes pas sûr à 100% de son exactitude ?			
4. Avez-vous raconté à l'un de vos proches la plus grande erreur de votre vie ?			
5. Pensez-vous qu'à un certain âge, le caractère d'une personne ne peut plus changer ?			
6. Si quelqu'un vous a causé un petit chagrin, pouvez-vous rapidement l'oublier et passer à la routine normale ?			
7. Vous considérez-vous parfois comme un ou des perdants ?			
8. Vous considérez-vous comme une personne ayant un grand sens de l'humour ?			
9. Si vous pouviez changer les événements les plus importants, qui s'est produite dans le passé, auriez-vous construit votre vie différemment ?			
10. L'émotion vous guide-t-elle davantage dans vos décisions personnelles quotidiennes ?			
11. Vous avez du mal à prendre de petites décisions ? sur des questions que la vie pose tous les jours ?			
12. Avez-vous eu recours aux conseils ou à l'aide de personnes, qui ne sont pas parmi les plus proches de vous, lorsqu'ils acceptent de décisions vitales ?			
13. Revenez-vous souvent dans vos souvenirs aux moments qui vous ont été désagréables ?			
14. Aimez-vous votre personnalité ?			
15. Vous êtes-vous déjà excusé auprès de quelqu'un sans vous sentir coupable ?